医療現場で働くやとわれ心理士のお仕事入門

小林　陵

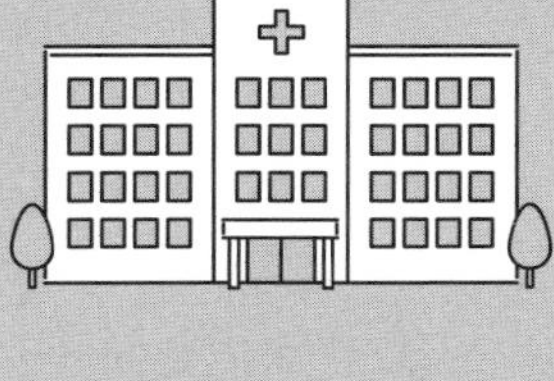

岩崎学術出版社

はじめに

本書は医療現場で働く心理士が、普段どんなことを考えて、どんなふうに仕事をしているのかについて書いたものです。私自身が総合病院で働いているため、総合病院での臨床の話が中心になっています（ちなみに本書では「心理士」という言葉を使わせていただきましたが、現在の日本では臨床心理士と公認心理師という二つの臨床心理学の資格が普及しています。本書では、公認心理師も臨床心理士も含めて、一般的に日本の臨床の場で働く心理職という意味で「心理士」という言葉で統一して書いています）。

本書を読むことで、特別に優秀で完璧というわけではなく、しかし、全然ダメダメというわけでもない（多分、そうだと思いたい）、ごく普通の心理士の日々の仕事についてイメージをしていただけたらと思っています。おいおい、どうしてそんな普通の心理士の仕事について聞かされないといけないんだと思われる方もいらっしゃるかもしれません。もっと心理士はこうあるべきだというような素晴らしい仕事の仕方について書いてある本の方がよいのではないかと。

しかし、もちろん私自身がそんなにずば抜けて優秀な心理士というわけではないので、あんまり立派な本は書けないということもありますが、それだけではなく、そうしてこうあるべきだとしっかりと書かれた本は、もちろん目指すところとして必要なものではありますが、なかなか真似しようとしてもその通りにはできないものです。特に働き始めたばかりの心理士は上手くいかずに戸惑うことばかりかもしれません。どうして自分は教科書に書いてあったように、あるいは授業で習ったようにちゃんと出来ないんだろうと、思い悩むこともあるかもしれません。ただ、実際は、現在働いている多くの心理士が教科書に書いてあるようには完璧に働けているわけではなかったりするのです。こうあるべきだという心理士の姿が書かれた本を読んで、これはある種の理想形であってみんなそうできてるわけではないのだなと距離を置ける人ならよいですが、ひょっとしたらそのようにできない自分はダメなんじゃないかと思ってしまう人もいるかもしれません。

そこで私は本書のような普通の心理士の働き方が書かれた本が必要なのだと思っています。本書には「こうするべきだ」ということはそんなに書いておらず、「こうしたら上手くいくかも」と言っている部分は色々とあるのですが、それだけでもなくて、「なかなか上手くいかないものだよね」とか、「なかなか上手くはいかない臨床の日々をこんなふうになんとか持ちこたえてきたんだよ」とか書いてある本でもあるのです。そのため、自分が教科書的な本に書いてあるようには、あるいは偉い先生方が学会で発表しているようには上手くいかないなぁと感じて、心理士

として ダメなんだと思ってしまいそうな働き始めたばかりの心理士さんたちに、特別に優秀で完璧というわけではなく、しかし、それでもぼちぼちそれなりに臨床を続けられている普通の心理士はこんなことを考えたり、こんなことを感じたりしながら仕事をしてきたんだよということをお伝えすることができたらと思っています。

ということで、本書は基本的には心理職に就いたばかりで悪戦苦闘をされている方、あるいは心理職を目指して臨床心理学系の大学院で学んでいるけれども自分なんかに本当にできるんだろうかと不安でいっぱいの方などを対象に書かれています。ただ、ベテランの心理士の先生方であっても、「あぁ、そういうことあるある!」という感じでお読みいただけたら嬉しいです。私が総合病院で働いてきたため、総合病院での仕事の話になっていますが、教育や産業などの医療系以外の心理士の先生方や、私設の心理相談室で働かれている先生方には、病院という職場で心理士がどのように働いているかを知る機会にしていただけるかもしれません。もちろん同じ心理職ですから共通している部分もたくさんあるでしょう。

また、本書ではできるかぎり専門用語を使わずに日常の言葉で書くことを心掛けました。大学院やその後の研修でどんな学派の理論を学ばれた方でも、あるいは今まで他の領域で働いてきて医療の知識には自信がないといった方でも、気にせずにお読みいただけるようになっていると思います。

そして、できるだけ日常用語で書いた結果として、心理職ではない方々でも、心理士というのはどういうことをしている仕事なのかということを知る目的でお読みいただける内容になっているかもしれません。お医者さんや精神保健福祉士さん、作業療法士さん、さらには学校の先生など、普段心理士と関わるお仕事をされている方々にお読みいただけたら、心理士は日頃こんなことを考えながら仕事をしているのだということを知っていただける機会になるのではないかと思います。そして、大学の学部で心理学を学ばれて、心理士になろうかどうか悩まれている学生さんが心理士の仕事をイメージするのにお読みいただいてもよいかもしれません。

また、教科書的な心理職の仕事の本では、どうしても網羅的に書かざるを得ないため、その分だけ抽象的な話が多くなって、実際に毎日何を考えて何をしているのかといったことから離れてしまうところがあります。しかし、本書は基本的には一人の心理士である私の働き方について私の視点から書かれたものであり、より実感に沿った話をさせていただいています。ただ、あくまでも私の視点からの話であるため、同じように総合病院で働いている心理士さんの中には、私とは職場の環境が違ったり、あるいは学んできた理論が違ったり、会っている患者さんの層が違ったり、もともとの性格が違ったり、様々な理由から、本書に書かれていることとは随分違う考え方や感じ方をしながら働かれている方もいらっしゃると思います。本書はあくまでも一人の心理士が色々と学びながら工夫してきた働き方を解説した本だということをご理解ください。

なお、本書の中の患者さんについての記述は、個人を同定できないように改変を行っています。

さて、読者の皆さまにひとつお願いがあります。私自身もたまにやるのですが、本を読むとき、最初に「まえがき」を読み、それから「あとがき」を先に読んでしまう方がいらっしゃるかもしれません。ただ、本書に限っては、「あとがき」は最後まで読み終わった後でお読みいただきたいのです。本書にはある「仕掛け」、というほど大げさなものではありませんが、執筆にあたっての意図がありますので、そのようにしていただけたら幸いです。

それでは、前置きはこのくらいにしてさっそく本編に入っていきましょう。先述の通り、本書は一人の心理士の具体的な働き方についての本です。そのため、「心理士とは?」とか、「医療における心理士の役割とは?」とか、そうした話はとりあえず置いておいて、いきなりですが、皆さんに私の職場に来てもらうことにしましょう。まずは私と一緒に病院に来ていただいて、そこから色々な病院の心理士の仕事についてお話をさせていただきます。どうぞ大きな総合病院の正面玄関に立っているところを想像してみてください。時間は朝です。そう、病院の心理士の仕事は、他の多くの仕事と同じように、朝から始まるのです。

目次

第二章 ドキッ、病棟カンファで質問された！ 38

第三章　面接室で何を話してるの？　63

第四章　デイケアに出たり病棟にも行ったり　85

第一章　心理検査を取ったり、心理療法もしたり

病院の朝は早い

総合病院には病棟もあるので、病院自体は二四時間ずっと誰かが働いています。でも、真夜中に心理検査をやったり、早朝にデイケアをやったりはしないので、多くの場合、心理士の仕事は日中になります。もっとも病院によって夜勤のお手伝いをしている心理士さんもいらっしゃるのですが。私の病院は八時に正面玄関の自動ドアが開かれます。どういうわけか八時前になると、その正面玄関の入口付近に行列ができるんです。最初に見たときにはまるでパチンコ屋だと驚いたものでした。おそらく来た順で行われる診察や検査などで少しでも早くに診察券を出した方がよいところがあるのでしょう。

さて、それでは病院の中をご案内しましょう。朝一番に病院の正面玄関の大きなガラスの自動ドアから中に入っていくと、総合受付の方から会計の方から、警備の方から、みんな立って並んで、頭を下げてくれるのです。これは朝一で大きな病院に来たことがある人しか知らないことで

しょうが、まるで開店時間にデパートに入ったような感じなのです。ただ、私は職員なので、たまに早めに出勤して、その時間のタイミングに出くわして、立っている事務の方に頭を下げられたりしてしまうと、いやいや、違うんです、ごめんなさい、私も職員なんですと、なんだか申し訳ない気になったりするのですが。

私自身は普段は八時から出番があるわけではないので、病院の正面玄関が開いた少し後に出勤します。中に入るとまずたくさんの椅子が並んだ大きなフロアが広がっています。上の階まで吹き抜けになっていて、開放感がある中央待合フロアです。ここは総合受付でお会計などをする患者さんたちが座って待っているところになります。この中央待合フロアの奥やその上の階にそれぞれの診療科の診察室があります。

私の職場は総合病院なので小さなものまで含めると三〇以上の診療科があります。私は精神科の心理室に所属をしています。病院の心理士の多くが私のように精神科か、あるいは心療内科に所属していますが、中には小児科や神経内科、リハビリテーション科などが心理士を雇っている場合もあります。さて、理由ははっきり誰かに聞いたことはないのですが、大きな病院の精神科というのは、たいていが奥まったところにあるんです。これは、以前と比べたら精神疾患に対する偏見が少なくなってきているとは言え、今でも患者さん側からの精神科の待合で待っているところを人に見られたくないという希望があるのでそうなっているのかもしれないですし、あるいはただ精神科がマイナーな科なので奥に追いやられているだけかもしれないですし、よく分からないのですけれども。そのため、その他の眼科やら小児科やら整形外科やら多くの科の前を通り抜けて、精神科の外来に向います。

精神科のイメージの話で言えば、今でもたまに精神科ってもっと恐いところだと思っていたとおっしゃる患者さんがいらっしゃいます。そんなところ絶対に行きたくないと思っていたけれども、来てみたらわりと普通だったという感想を聞いたりします。実際、ごくたまに自閉症のお子さんが大きな声を出したりすることがあるくらいで、基本的には病院の精神科の待合いは、他の内科などと大きな違いはなく、外科よりは元気がない人が多いかもしれませんが、恐ろしい雰囲気のところではありません。

精神科ではそこまで朝から並んでいることはないですが、それでも随分早くに来院して外来の待合いで待たれている患者さんもいます。中には顔見知りも患者さんで私よりもずっと早く来院されている方もいらっしゃって、そうした患者さんに挨拶をしたりしながら、ロッカールームで着替えます。

私は随分気軽な格好で出勤しているので、働き始めた頃には私服姿を患者さんに見られてしまうのが何だか気まずいように感じて、下向き加減でさーっとロッカールームに入ったりしていました。

当時を思い返してみると、心理士になったばかりの頃は、自分が心理の仕事をしているということにちょっとばかり違和感を持っていたのかもしれません。心理士は大雑把に分けると援助職、つまり誰かを助ける仕事になるわけで、私は別にそんなに悪いことをしてきたわけではないのですが、「こんな自分が誰かを助ける仕事をしているなんて何だか変なの」と感じていたんです。ただ、ひょっとしたら、心理職に限らず、どんな仕事であっても、働き始めた頃は、それまで感じていた普段の自分と、職業人としての自分がかけ離れているような気がすることがあるのかもしれません。そうしたギャップはどうやらずっと働いていると気がつかないくらいに少しずつ埋まっていくもののようでもあります。

どうしてギャップが埋まっていったのかと考えてみると、私が年をとって元気がなくなってきて若い頃よりもよけいなことをしなくなってきたということと、あとは私の中の援助職のイメージが前ほど聖人のような立派な人というものではなくなって「援助職だって普通の人だから」という感じになって来たことの両方の影響があるかもしれません。もっと言えば、自分は心理だ、援助職なんだと身構えてしまっているよりも、ただ自然体でそこにいられる方が、心理士としてもより機能できるのだということを実感してきたからかもしれません。

ということで、今では朝気軽な格好で出勤してきたところを、早めに来た知っている患者さんに出くわしたとしても、前みたいにうろたえたりはしません。

「おっ、今日は朝早いですねぇ」

なんて元気に言いながら、悠々とロッカールームに入っていきます。

ロッカールームでは白衣に着替えます。学校の心理士や開業している心理士とは違って、病院の心理士は医療従事者の一員なので白衣やスクラブを着ていることが多いんです。最初、医者でもないのに白衣を着るなんて、コスプレしてるみたいで照れるなと思わないこともなかったのですが、白衣っていうのは案外暖かくて着心地もよく、服装のことをあれこれと悩まなくてもよいですし、慣れてくると悪くないものです。医師の先生方の中には特注の腕に名前が刺繍されたデザインのシュッとしてカッコいいものを着こなしていらっしゃる方もいらっしゃいますが、私は病院の支給品を着ています。ちなみに私は下ろしたての真っ白でパリッとした白衣よりも、何度も洗っているうちにどことなくしなしなして色も褪せてきてしまったような白衣が着やすくって好きなのです。

って、そんなことを言っていたら、先日、たまたまわりと新しい白衣を着ていたとき患者さんから、「小林先生、今日は白衣がシワシワじゃないですね」と言われてしまいました。患者さんはしっかりと観察しているものですね。

電子カルテの読み方

ロッカールームで襟のついたシャツを着て白衣を羽織って、心理士たちが常駐している心理室の自分の席に座ります。病院で心理士たちが普段どんなところにいるかは、それぞれ違いがあるようです。医師の先生方のいる医局の中に心理士のエリアがあるようなところもあれば、私の病院のように精神科の外来の一角に心理士だけがいる心理室がある場合もあります。私の病院では精神科外来の患者さん用の待合いのすぐ横に心理室があります。そこは心理士たちの机と電子カルテでいっぱいの狭い部屋なのですが、それぞれの心理士は患者さんと会っているとき以外はそこで肩を並べて次の心理検査や心理療法の準備をしたり、心理検査の所見を書いたり、心理療法の記録をつけたりしているのです。

デイケアに出る日を除いては午前中に心理検査が入っていることが多いので、私はまず検査を取る患者さんの電子カルテをチェックします。そんなの前日にやっておけと思われるかもしれません。もちろん前日にも何の検査を取るのかといったチェックはしているのですが、いかんせん、あまり記憶力がよくないので、前日に細部まで確認しても、実際に取るときに忘れてしまったりするので、私の場合は検査を取る患者さんの病歴は直前に細かくチェックをしています。

実際のところ、電子カルテになって随分楽になりました。私が新人で働き始めた頃はまだ紙カルテで、中にはとても個性あふれる書体の主治医の先生もいらっしゃって（「あの先生は達筆だから」と言われる）、これは一体なんて書いてあるんだぁと頭を抱えたものでした。電子カルテは書く側の負担を減らしたというよりも、むしろ読む側の負担を大幅に減らしてくれました。

さて、この病院に初診になってすぐに心理検査がオーダーされた患者さんの場合はすべてのカルテを読めばいいので、特に困ることはありません。紹介先からの紹介状などにも目を通したりします。

ただもう十年以上通っている方もいらっしゃいます。そうなると、カルテの量も多くなるので、すべてに目を通すことは難しかったりします。他の科にも掛かっていたりするとなおのこと膨大になって、「いったいどうしたらいいんだ、患者さんが来るまでに読み切れるわけがない！」と困ってしまいます。そんな場合は、まずは初診時の記録を丹念に読み、その後はざっと読み飛ばして、もし入院などをしていたらそのときの記録を確認し、長年通っている場合には主治医が代わっていることが多いので、そんなときには申し送りとしてその先生が担当していたときのまとめが書かれているので、その申し送りをじっくりと読みます。最後に、心理検査をオーダーするに至ったここ数カ月の記録は特に丁寧に確認しています。

カルテは何で読む？

じゃ、「そもそもカルテを何のために読まなきゃいけないの？」「どうせこれから心理検査を取るんだし、そんなことしたら検査の先入観になっちゃうんじゃないの？」なんて思う方もいるかもしれません。いやいや、そんなことはないんです。心理検査は残念ながらまったく情報のないところで検査だけで何でも分かっちゃうような万能のものではないのです。そして、心理検査を取るためには自分が何のために何に注意をしてその検査を取るのかをちゃんと把握しておかなきゃいけないんですね。それによって、行う検査の種目なども変わってくるんです。患者さんや目的に合わせて色々な種類の心理検査を組み合わせることをテストバッテリーを組むと表現したりします。

また、主治医の先生からの指示にはなかったけれども、実は検査を行う上では配慮が必要なことがあったりすることもあります。たとえば、あんまりちゃんとカルテを読んでないで検査に臨んでいって、「え、この子全然喋らないんだけど、どうしたらいいの？」みたいになっちゃって、何が起きているんだと、いったん心理室に戻って確認したら、場面緘黙があると書いてあって、ちゃんと調べておけばよかったぁなんてこともあったりします。緘黙もそうですし、頻繁にてんかん発作があるとか、車椅子を使っているとか、利き腕が動かないとか、海外で育ってあまり日本語が話せないとか、事前に知っておいた方がよいことがあるわけです。ちゃんと把握してなかったら、その場で大慌てになってしまいます。そのため、後で自分がビックリしないためにカルテを読んでおくことが大切です。

それにしても、この仕事についてから、私は大袈裟ではなく何千人のカルテを見てきました。何千人の方の病いの記録を見てきたわけです。考えてみると不思議な仕事だなと思ったりします。

聞きづらいこともある

私が勤めているのは総合病院なので、心理検査といっても精神科や児童精神科からばかりではありません。脳神経外科、神経内科、小児科、リハビリテーション科など、様々な科からのオーダーがあります。たとえば、同じ知能検査のオーダーだとしても、児童精神科医の先生からの、学校で上手くいっていないということだけれども、どうもよく聞くと能力的な問題があるのではないかと疑われる患者さんのオーダーと、脳神経外科の先生からの脳腫瘍の手術を行った患者さんの術後の経過を知りたいというオーダーでは、検査の取り方は同じでも、どこに注目して検査所見をまとめるかというところでは異なってきます。

知能検査で言えば、たとえば全検査ＩＱが同年齢の平均よりも低く出たとして、それがもともとなのか、何らかの疾患によって下がったのかという問題もあります。もちろん、知能検査はそのときの状態を調べるものなので、心理検査の数値のみからでは判別はできません。ただ、その方の使っている言葉や話し方などによってもともとの知的能力が推測できる場合もありますし、あとは教育歴や職業歴と照合すると見えてくることもあります。元も子もない言い方をしてしまうと、最初からこのＩＱ値だとすると、とてもこの大学には入れなかっただろうといったような場合は、下がっている可能性があると推測できることがあるわけです。

ただ、精神科のカルテは教育歴や職業歴を細かく書いてくれていることが多いですが、他の科の主治医の先生はその患者さんがどこの大学に出ていて何の仕事をしているかといったことには関心がなくカルテにも書かれていなかったりします。

そうなると、心理検査を取るときに自分で聞かなければいけません。でも、特に学歴を聞くっていうのは、初対面なのに不躾で失礼な気がするので、気が引けるものだったりします。検査を取る側としては、その患者さんがどのくらいの教育レベルにある方だったのかという情報は重要なのですが、患者さん側からしてみたら、何でいきなりそんな個人的なことを聞かれなきゃいけないんだと思っても不思議はない気もします。

学歴のことだけではなく、心理士をしていると、普通はそんなこと聞いたら失礼だろうということを、治療上の理由で色々と聞かなければいけないことがあります。たとえば、希死念慮もそうですし、どうやって生活をしているかという経済的なこともそうですし、性的な問題についても聞かなければいけないこともあります。

私はなかなかそういうのが苦手な方だったりします。ただ、あれこれとやってきた中で感じるのは、基本的にはその情報を知りたい理由をちゃんと説明をしてある程度淡々と聞くのがよいだろうということです。たとえば、

「今日、取らせていただいた検査の結果が、もともとそうなのか、ひょっとしたら今回来院されたご病気の影響で下がってきているところがあるのかといったことを考える上で参考にさせていただきたいので、少しこれまでのことをお聞かせください。お仕事はどんなことをされているでしょうか?」

と言ったように聞いていって、患者さんが「技術職」と答えたとしたら、

「それじゃ、理系だったんですね。やっぱり、理系の学校を?」

などと聞いていき、「ええ、工学部です」と答えたとしたら、「どちらの大学のご出身でしょう?」といった感じで聞いていけるかもしれません。最初に必要な理由を説明をしておくと、大抵の方はちゃんと答えてくれます。

ただ、思い返すと、中には大学名だけは絶対に言いたくないという方もいらっしゃいました。そうなると心理士としては、その方が実際にどこの大学を出たかということよりも、むしろ、どうしてそこまで絶対に大学名を言いたくないのだろうかということの方が気になってしまったりするのですが。

患者さんを呼びに行く

話を戻しましょう。電子カルテのチェックをしたら、検査室の準備をします。私の病院では心理検査室は精神科外来の中にあって、完全な個室で真ん中のテーブルをはさんで、患者さんと心理士が向かい合えるような設定になっています。横には棚があって、そこに知能検査やロールシャッハ図版やら描画用の画用紙やら色々な道具が入っています。

途中で取る検査を変えたり加えたりすることもあるので、取るかもしれない検査はすべて念のため用意をしておいたりします。途中で変える場合というのは、ある検査が何らかの事情でちゃんと行えず、まとめるには情報不足なので別の検査を増やしたりするような場合もありますし、あるいは検査をしながら、「あれ、この患者さんは発達障害の可能性も疑った方がいいんじゃないか?」とか、「解離もあるんじゃないか?」など当初の予想とは違う可能性が思い浮かんで、そちらも調べるために追加したりする場合などがあります。

まぁ、でも、もちろん、事前に用意をしていなくっても、「ちょっと待ってくださいねぇ」なんて言いながら、その場で棚を開けて、追加する必要がある検査を出したりすることもあったりするので、事前に用意してあった方が楽なだけでしてなくっても大丈夫です。

そして、私の病院では外来の待合いで座って待っている患者さんを迎えに行きます。以前は「○○さん」と名前で呼んで探していましたが、近年、個人情報保護の問題が重視されるようになり、診察でも名前で呼ばずに電光掲示板に番号が出るかたちになっていますので、心理検査も大勢の前で呼ぶのはどうだろうというところがあって私は「心理検査の方いらっしゃいますか?」と声をかけ、反応をした患者さんがいらっしゃったら、その方の前に言って「○○さんですね」と確認することにしています。

もちろん事前にカルテを読んでいて年齢や性別も知っているので、待っている患者さんをざっと見まわすと、この方だろうなという検討がつくことが多いです。ただ、そう思っていると、病歴から想像したイメージとはまったく異なる方がやってきたりすることもありますので、油断はできません。また、病歴からくる想像と本人の雰囲気がまったく違うと検査者が感じたとしたら、そのこともまた重要な情報のひとつになるかもしれませんね。

患者さん自身の見た目もそうですが、気をつけなければいけないのが、患者さんと一緒に来た方についても、憶測で勝手に判断してしまわないようにしないといけないということです。こちらで勝手に「お母さまにはお待ちいただいて」と言ったら、母親ではなく施設の人だったり、奥さまといったら妹だったり、色々な場合がありますので、決めつけるのはよくありません。実はこれは私の失敗談なのですが、検査を取る患者さんに「おじいさまは」と言ったら、「いや、母です」と訂正されたことがあり、「これは失礼しました！」と平謝りでした。まさか、世代も性別も間違ってしまうとは。何でも決めつけはよくないですね。それ以来、そんなときには「お付き添いの方は」ということにしています。これなら間違えようがありません。

検査をちゃんと取ることが大事なわけじゃない

そんなかたちで患者さんを迎えに行って、検査室に入り、実際に検査を行うことになります。検査を始める前に、心理検査を取ることをどのように聞いてきたかを簡単に確認しておくとよいでしょう。なぜかというと、中には心理検査を取ることにあまり納得がいっていない方がいたり、あるいは心理検査がどういったものなのかまったく分からずに来ていたりする方がいらっしゃるからです。たとえば脳神経外科からのオーダーで来た方の中には検査というからＭＲＩのようなものだとばかり思っていたとおっしゃられていた方もいらっしゃいました。最初に何のためにどんな検査をするかということを共有することは大切です。

おっと、話が進み過ぎてしまいました。その前に検査室に入るときなのですが、先ほどのように付き添いの方がいて、一緒に入りたいと仰られたときにどうするかという問題がありますね。基本的には心理検査は一対一でやるものなので、そうお伝えすればよいのですが、たとえばお子さんなどでお母さんと一緒じゃないと嫌だっていう方がいたりもします。そんなときは無理に必ず一対一にならなければいけないということはありません。お母さんと一緒じゃないと駄目そうであれば一緒に入室して、ただできるだけ下がってお子さんの目に入らない位置で見ていていただくようにするとよいでしょう。中にはなかなか検査に取り組んでくれなくて、お母さんに励ましてもらう必要がある場合もありますが、そんなとき、お母さんが勢いあまって、勝手にヒントを出しちゃったりすることもあります。そんな場合でも「すいません、お母さん、ヒントは困ります」と伝えたらほとんどの場合分かってくれます。

ただ、外来の待合いに会いに行ったとき、たとえばお母さんにべったりしていて、甘えん坊さんだなと思ったとしても、こちらからお母さんと一緒に入室する提案をすることはしなくてよいかもしれません。その子によってはお母さんと一緒のときには甘えん坊さんでしたが、検査者と一対一になると、急にしゃんとして検査に取り組み始めるといったこともあります。

しかし、それでも、お子さんの中には一対一だろうが、お母さんが一緒にいようが、検査中歩き回るは、勝手に検査用具のページをめくるは、検査室の机に落書きをし始めるは、検査者からストップウォッチを奪おうとするは、まったく集中できない子もいたりします。逆に蝋人形のように固まってしまって全然解答してくれないので検査が進まないという子もいたりします。そんなとき検査者の頭の中はどうしたらいいんだぁとパニックになります。

働き始めたばかりの頃のことを思い出すと、そんなときはどうしてもちゃんと検査を取らなきゃいけないという意識が強くなって、なかなかやってくれない被検者との間での対決となってしまうということがあったように思います。でも、後で振り返ってみると、そこで大切なのはちゃんと検査をマニュアル通りにやることではなくって、その被検者の状態を把握して、その子に対する理解や治療に活かすことなんですね。つまりは、検査をしようと思っても、歩き回っちゃったり、積木を放り投げて検査者にぶつけたりしちゃうとしたら、その状態そのものが重要な情報なんです。その子は何か集中を要する作業をすることになったときそのような状態になってしまうことがあるということなのだと思います。それこそが大事な情報で、無理に検査を最後までやることが大事なわけではありません。なので、検査の続行が難しいほど集中力がなくなってしまっている状態にあったことを所見にしっかりと書けたらよいのだと思います。

私がまだ大学院生の頃、実習先で簡単だと思うからとバウムテストと文章完成法を取ってくれと頼まれて、実際に患者さんと会ってやろうとしたら、じっと黙り込んでしまって、どちらもまったく手を付けることができなかったということがありました。私はどうしたらいいか分からず、色々となだめすかしてやってもらおうとしたのですが、むしろよけいに追いつめてしまっているようでした。あの時間は患者さんにとっても、そして私にとっても、気まずく苦しいものだったように思います。当時の私はお願いされた検査をちゃんとやらなければいけないという意識で頭がいっぱいで、さらに言うと、自分が未熟だからちゃんと検査をしてもらうことが出来ないんだという気がして、よけいに焦ってしまっていましたが、今の私なら、出来そうもなければ早々に諦めて、絵を描いたり文章を書いたりすることが難しければ、たとえば○×で答えるエゴグラムやYG性格検査はどうだろうなどの代案を考えたでしょう。そして、やらせようとするよりも、できないのはどうしてなのか、緊張のためなのか、能力のためなのか、家ではどのくらいコミュニケーションが取れるのかといったことに頭を巡らせて、それらを確認する方法を考えていくでしょう。

とは言っても、たとえばADHD疑いだったりするような集中力が続かない子に検査をちゃんとやってもらうための、工夫がまったくないわけでもなかったりします。私はカルテを読んでADHDの可能性がありそうだと判断した場合には、事前にテーブルに敷いてあるデスクマットは取ってしまいます。普段は机の上には消毒液と置時計がありますが、それもどかしてしまいます。また、私の職場の検査室の椅子はキャスターのついた回転椅子なんですが、こういう椅子に座るとぐるぐるぐるぐる永遠に回転されてしまう可能性があるので、他の部屋から固定されて動かない椅子を持ってきて交換します。また、検査中はできるだけテンポよく次から次へと新しい問題を出して、お子さんを飽きさせないようにすることを心掛けます。「どうかな」とか「分かるかな」とか「難しいね」と言った声掛けで集中が戻るときもあるのでそうした介入を増やしますが、その際にちらっと他のことを言うとそこから気が散ってしまうので、他のタイプの子、たとえば不安の強い子の緊張をほぐすためには言うかもしれない「カッコいいTシャツだね」とか「これ終わったらお昼何食べるの?」とか、そういった類の話は逆に注意が逸れてしまうのでしないようにします。そんなふうに色々な工夫をしていくことで、まったく検査が取れないということは減ってくるのですが、それでも世の中には上には上がいるもので、どんな工夫をしてもやっぱりやってくれない子はやってくれないので、そのときはそのときで、心理士ならどんな患者さんでもちゃんと検査が取れるなんてことはないのです。

どんな心理検査をするの？

それぞれの機関によって心理検査のオーダーの仕方は異なります。私の病院では具体的にこの検査をお願いしますという依頼が来ることもありますが、大まかに知能検査や性格検査として依頼が来ることが多いです。そこで担当となる心理士がこの患者さんの性格検査であればどんなバッテリーを組むのがよいかといったことを考えていきます。

そのとき大事になってくるのは、何のためにその心理検査を行うのかということです。心理検査には様々な種類があり、それぞれ目的や特徴が異なっています。患者さんの特性や検査の目標に合わせて、それらを組み合わせていきます。

たとえば、極端な例ですが、以前にたまたま見させていただいた精神鑑定のための心理検査所見でエゴグラムが使われていました。エゴグラムは本人が自覚している対人関係のパターンを明確にするためのものですが、精神鑑定で求められているのは被検者の病的体験の有無やその性質なので、取る意味がまったくないとまでは言いませんが、他にもっと優先すべき検査がありそうです。

一方、現在休職中で、いつも職場で対人関係が上手くいかなくなってしまって、そのことについて考えていきたいので心理検査をしたいといったことが診察で話し合われたようなケースであれば、バッテリーの中にエゴグラムを入れることは非常に有効な手段となるわけです。そういう意味でもカルテにしっかりと目を通すことが必要になってきますし、主治医の先生がどんな目的で心理検査をオーダーしたかを確認することも大切になってきます。私の勤めている病院では心理検査申込書を主治医の先生に書いていただき、そこに検査理由を記載していただいていますが、その内容が少し曖昧でこちらが判断に迷うようなことがあったときには主治医の先生に連絡をして確認することを行っています。

また、どうして心理検査を取るのかということは、検査所見の書き方にも影響をしてきます。同じ検査を取ったとしても、目的の違いによって、所見の書き方も変わってくるのです。前に後輩の検査所見をチェックしたときに、高次脳機能障害が疑われる社会人の方の検査所見で、おそらくは児童思春期の心理検査の本を見て書いたと思われる「支援にあたってはできるだけ短い言葉で簡潔に伝えてあげるといいでしょう」というような文面が書かれていたことがありました。多分これは子どもの教育に困っている保護者に向けられた所見の文章の書き方であって、社会人になっている本人にそう伝えたとしても「そう言われたって」ってなってしまいそうです。

さて、心理検査の話が大分長くなりました。でも病院の心理士の仕事はそれだけではありません。ちょっと話を進めましょうか。

面接室の準備をする

午前中に心理検査を取り終えると、あとはぽつぽつと個人心理療法の予約が入っています。残りの時間は心理療法をして、あまった時間で心理検査の所見を書いて、といった感じで日々を過ごすことが多いです。病院での毎回の心理療法の始め方はそれぞれの心理士でやり方は違うと思いますが、私の場合は外来の待合で待っていていただいて、予約の時間になったら、私が直接迎えに行き、一緒に面接室に入っています。

私の病院の面接室は心理検査室の横に並んで作られていて、基本的には心理検査室と同じで、完全個室で真ん中にテーブルがある作りになっていますが、違うのは検査用具の棚があるかわりに、テーブルの横に箱庭があって、箱庭の人形のための棚が置いてあります。ただ、こうした面接室があるのは病院の建物を作った当初から心理士を雇うことが前提となっている設計であって、恵まれている環境だと言ってよいかもしれません。他の病院で働かれている心理士さんとお話をすると、中には決められた心理面接室がないために、外来の診察用のブースを借りたり、会議室のようなところを借りたりしながら、何とか心理療法を行っている方もいたりします。大学院では心理療法は毎週同じ時間同じ場所で行いなさいと言われたけれども、「そもそも毎週同じ場所を確保することが難しい！」なんて話も聞いたりしますので、それぞれの職場でできる限りの工夫をしていくしかないようです。

さて、患者さんと一緒に面接室に入る前にやることがありました。患者さんと入室をするときに、電気をつけて、エアコンを調整して、といったことをしていたら、患者さんをいつもの場所に迎え入れるという感じにはなりません。迎えに行く前に、しっかりと面接室の準備をしておくことも大切です。また、病院のような共有の面接室であっても、自分がやりやすいように物の配置などを後で戻せる範囲でどんどん動かしてしまうといいと思います。私はこころの話をするには、お互いに延ばしても手が届かないくらい距離がある方が、安心できるという感覚があって、もともとの病院の面接室の配置よりも、少しお互いの距離を遠ざける工夫をしています。ただ、このあたりの感覚はそれぞれの心理士によって違うと思いますので、ご自身が面接がしやすいように、色々と試してみるといいでしょう。

それぞれの座る位置についても、私は特に何も気にせずに私が奥側、患者さんがドア側にしていたのですが、あるとき女性の心理士さんが特に男性の患者さんのときには自分がドア側にしているというのを聞いて、なるほどそういうパターンもあるのかと思ったことがあります。いずれにせよ、患者さんに安心してお話をしてもらうことが目的ですが、そのためには、まず自分自身が安心して患者さんを招き入れられる環境を整えることが大切なのだと思います。

患者さんが遅刻をしてきたら

そうして面接室の準備をして待っていたとしても、患者さんが時間通りに来ないことがあります。さて、そんなときにどうしたらいいでしょう。五〇分間の予定の面接を四五分遅れていらっしゃったとしたら、残りの五分だけやるのか、それとも延長してあげて五〇分きっちりやるのか。あるいは五分だけだったらしょうがないから、その日の後の別の時間やその週の別の曜日を設定するのか。理由なく遅刻した場合なら、きっちりと予定の時間でやめてもいい気がするけれども、電車が止まって間に合わなかったと言われた場合にはどうしたらいいか、色々と悩んでしまいます。

臨床心理学の大学院などではあらかじめ設定した治療の枠組みはきちんと守るようにと指導されていることが多いと思います。ただ、実際の臨床に出ると周囲の先輩の心理士さんは割とルーズにやっていたりして、あるいは診察と一緒にやっている医療機関だと主治医の先生の診察が少しも時間通りじゃなかったりして、主治医の先生は臨機応変に対応しているのに自分だけ遅れたから会わないとかってしていいものだろうかと思ったりするかもしれません。場合によっては、心理療法の前に予約されていた診察の開始が遅れて時間が伸びて、それで患者さんが心理療法の時間に間に合わないなんてこともあります。こんなときには患者さん側は時間通りに来ていて少しも悪くないのに、それでも面接時間を減らすべきなんでしょうか?

ひょっとしたら、ある人は何だかんだ言って、大学院で教えるような治療の枠組みで心理療法が行えることなんて、自分で開業でもしないかぎりはほとんどない理想論で、自分たちの臨床ではそもそもそんなこと気にしたってしょうがないから、遅刻してきたら気にせず時間を延ばしてあげるよという人もいるかもしれません。

でも、たとえば、患者さんが四〇分遅れてくるという背景にある、患者さん自身が気がついていないかもしれない心の動きを考えるのが大切だという考えもあるでしょう。何か自分にとって大事なことだという気がするから心理療法に行きたいという気持ちと、話しているとつらくなるから行きたくないという気持ちが葛藤を起こしていて、行きたいけど行きたくない、それじゃどうしよう、という迷いの中で、行くけれども遅刻するという選択肢がいつの間にか選ばれていたのかもしれない、といったふうに考えてみたとすると、ただ何も考えずに伸ばしてあげることが、はたしてよい選択なのだろうかといった意見もあるかもしれません。

こんなふうに書いていると、お前は正解を知っているのかよというふうに思われるかもしれません。いやいや、実は残念ながらそんなことはないのです。この問題、結局のところ、その場の状況によって変わってくると言うしかなかったりします。それじゃ、答えになってないじゃないかっていう感じですが。

たとえば、その心理士と患者さんが自分たちの面接の時間について、事前にどんなふうに話し合っていたかというところがまず重要なのでしょう。事前に同じ時間で始まって同じ時間に終わりますということを明確に伝えていなかったとしたら、ひょっとしたら患者さんは診察でもそうしてくれるから、心理療法でも少しくらい遅れても会ってくれると思ってしまうかもしれません。こうしたことは何かある前に話しておくことが大事だったりします。

それに加えて、毎週会っている人と、月に一回しか会っていない人では対応が違うでしょう。

毎週会っている人であれば、その日にたとえば五分しか話さなかったとして、次の週には先週遅刻してあまり話せなかったということについて話し合うことができます。でも、一カ月に一回しか会っていない人が、その日は五分だけ話して、後はまた一カ月後、となると、患者さんの方も何のために来たんだろうと思うかもしれないけれども、心理士側としてもその患者さんに何が起きているのかを確認することができないままに、時間ばかりが過ぎてしまうことになります。そういう場合には少し柔軟に対応をした方がよいかもしれません。

また、その患者さんがどのような患者さんで何を目的にその治療を行っているかといったことによるところもあるでしょう。症状などはかなり安定していてしっかり働けてもいて、自分自身の内面を振り返りたいという患者さんが遅れた場合と、知的な能力面での制限に加えて具合が悪いときには妄想的になってしまうことがあり日常生活もままならないために、日々の生活についてサポーティヴに聞いてあげている患者さんが遅れた場合では、対応が異なって当然だろうと思います。前者の場合は時間通り五分だけ会って、次回に遅れた意味について話し合ってもよいかもしれませんが、後者の場合には自分のできる範囲で時間をずらして面接時間を作り、約束の時間を守るということは大切なんだよということを説明してあげたらよいかもしれません。

そして、このあたりは判断が難しいところですが、同じ患者さんであっても、いつもは遅刻をしても時間通りにきっちりやっているけれども、今日は何かが違う、しっかりと話を聞いてあげなければ、という気持ちにさせられることがあるものです。これまでに見たことがないくらいに状態が悪く感じたり、あるいは現実にひどく外傷的な出来事があったばかりであったりしたときに、心理士はそうした気持ちになるかもしれません。そのときに、どのようにしたらよいかというのは、それぞれの臨床家の臨床観によって変わってくるところなのでしょう。私の場合は、そういう気持ちになるということはそこまで頻繁にあることではないのですが、もしそう感じたときには変更してあげることが多いです。そして、そんなときはほとんどの場合、患者さん側もいつもはそうしないけれども、今回はしてくれたのだということを分かってくれるように思います。

一本目の柱「治療の枠組みを意識する」

さて、患者さんが遅刻してきたということを例にとって、治療の枠組みについて、色々とお話をしてきました。実はこの本を通して、私は、おそらく医療領域に限らず、こころの臨床全般にとって、とても重要な、何か困ったときには、そこに戻って考えていくとよい三本の柱を考えています。

そのうちの最初の一本目が、治療の枠組みを意識することなんです。ここでいう治療の枠組みには、何時から何時までとか、何分間とかいう時間や、どの場所でやるか、料金はどんなふうになっているかといった目に見える具体的な外枠から、何のためにその治療をすることになったのか、治療の場で何をすることになったのかといった内容にいたるまでが含まれています。

よく心理療法はゲームやスポーツに喩えられることがありますが、実際に心理療法がスポーツだとしたら、患者さんはプレイヤーかもしれませんが、心理士側はそれだけじゃないんですね。いわば、心理士はプレイヤーの役割もするけれども、同時に、土俵から作らなければならない。線を引いてホームベースなどを置かなければならない仕事なんです。さらには、それだけでもなくって、振り逃げやオフサイドはありかなしかなど、ルールの採用も私たちが決めなければいけません。多くの患者さんは、心理療法って何するのなんていうことは知らずに来るわけなので、心理士側がそうしたルールを導入するしかないんです。でも単にその場に土俵を作ればいいのかと思ってみたら、実はその場所は平坦なところとは限りません。斜めになっているかもしれないし、草が生えているかもしれない。場所によっては、大学院や教科書などで習ったルールを変えないと、うまくいかないかもしれないわけです。

だから、まず心理士は自分が行う心理療法のルールを自分で決めざるをえません。そして、もちろん、そうしたルールは、自分がどんな場所で働いているか、どんな患者さんを対象にしているか、何を目標にして関わるかによって大きく変わってくるんです。

結局、恐ろしいことに、心理療法はただ一つの部屋に二人がいるだけなんですよね。だから、心理士の方が何のために何をしているのかを見失ってしまうと、もう本当に何をしてるんだか分からなくなってしまうわけです。実際のところ、なんだか分からなくなっているけれども、続いている心理療法っていうのは、日本中でけっこう多かったりするような気がします。もちろん、私自身も今でもときどき一体自分はこの患者さんと何をしているんだろうってなってしまうことがあります。そして、心理士側も何をやっているのか分からずに続いている面接は、患者さんへの不必要な搾取となっている可能性もあるので、何だか分からなくなってしまったら、振り返ってしっかりと考えていかなければならないわけです。

ただ、治療の枠組みを自分で設定するといっても、入職した職場によっては、あらかじめこの枠でやってくださいと決められているところもあるでしょう。私の職場はある程度その心理士個人に任されていますが、たとえば、「大学院で心理療法は毎週同じ時間に同じ部屋でやると教わってきたけれども、入職したらそこは次回の予約を受付さんがとるシステムになっていて、空いているところにどんどん入れてしまって、受付で患者さんが来週はいつもの時間は無理だから別の曜日でお願いしますと言ったら、すんなり受けてしまったりするので、少しも当初思い描いていたような設定で治療が行えない！」といった話はよく耳にするところです。

もちろん、他の心理士や前の心理士がやっていたやり方がおかしいんじゃないかと思ったとき、それを自明のことで仕方ないと考えずに、変えられるのか聞いてみることは大切かもしれません。こちらが絶対そうしなきゃいけないものだと思っていたけれども、何かの拍子に変えちゃダメかと言ってみたら、「あぁ、そうしたいなら別にいいよ」とあっさりと言われたなんてこともあったりします。

しかし、大きな構造に関する場合には、ある程度様子を見ながら主張していった方がよいかなぁと私は思ったりします。私は以前医療機器メーカーで営業マンをやっていたことがあるのですが、そのときに社内にすごく嫌われている人がいました。あんなに嫌われていたら仕事しにくいだろうなぁという感じで。でも、もともとすごい優秀で同業他社から引き抜かれてきた人だったんですよね。その人について、私の部署の所長がぽそっと言っていたのは、「ある部署に配属されて、そこのやり方がおかしいと思っても、三年は我慢して、変えようというのはそれからにしないと、周りの人はついてこない」ということでした。

その所長の言う通り、いくらその主張が正論だったとしても、これまでそれでやってきた人からしてみたら、急に来た人にお前のやり方は間違っていると言われるような経験になるわけで、心情として反発がくることもあるかもしれません。だとしたら、三年という期間がいつも妥当かどうかは分からないですが、少なくともある程度は信頼関係を築いてから言いだした方がスムーズに進むかもしれないと私も思ったりします。

ただ、これはあくまでもごく普通の心理士である私の感触であって、ある種の革命的な精神を持った人は、最初からガンガン自分の主張をして、それで嫌われても信念を曲げずに、最終的に成功を掴んだりしていますので、そこは本当にその人の性格や人生観ってことなのかもしれないですね。

ちょっと話が逸れましたが、こちらがコントロールできない非意図的な部分については、それを自分がやりやすいように頑張って変えようとするかしないかはさておき、今自分が行おうとする心理療法がどんな枠組みなのかということを理解しておくことはとても重要です。

そう、よく心理療法の事例検討会などで最初に助言者やスーパーヴァイザーが発表者の職場のことを聞いたりする光景を見かけることがあります。私は若い頃はどうしてそうするのか意味が分からずに、きっと偉い先生はゼミ生とか教え子の就職のことを考えて、色々な職場の情報を集めているのだろうと勝手にいい加減な想像をしていたのですが、どうやらそういうことではないのです。これは同じように心理士が会っていたとしても、どのような場所でどのような立場で会っているかによって、様々なことが大きく異なってくるからです。医療機関なのか、学生相談なのか、開業心理相談なのか、あるいは、養護施設なのか。同じ医療機関であっても、クリニックなのか、総合病院なのか、単科精神科病院なのかで、心理士の役割は異なりますし、患者さんとできることも違ってきます。

たとえば、私は病棟のある総合病院で臨床をしていますが、色々な意味でとても重い患者さんを多く引き受けています。そして、そのうちの何人かは、病棟がある総合病院という設定でなければ引き受けるべきではないだろう、あるいはよほど慎重に病棟のある医療機関と連携をしながらでないとやれないだろうという方が含まれています。身体合併症のある方、極端に低体重の摂食障害の方、自殺企図の既往がある方などです。自分が治療を行う施設がどのような性質の場所であるかを踏まえて治療を行うことが必要ですし、もしその施設の手に余るようであれば、他を紹介することを考えるのが大切です。

心理療法を始めたばかりの頃は何でもやりたいという気持ちが勝ってしまって、どんな人でもやろうとしてしまったりするところがあります。いや、それは私の話でそうじゃない人もいるかもしれませんが。その患者さんの病態や目標にとって自分や自分の施設が合わないと感じたら、その理由を明確に伝えて、よりよい援助先を探すことを手伝ってあげることが、むしろその方のためになることなのです。私の病院は平日の昼間しか空いていないため、基本的には就労できている人はあまり多くありません。そのため、たとえば社会的な地位が高く、非常に精力的に仕事をこなしているけれども、心の中ではつねに空虚さを抱えていて、そのことを考えてみたいというような方は、私のところはあまり向いていないので、そうした患者さんからのオーダーがあったとしても夜までやっている心理士のいる精神科のクリニックか個人開業の心理相談室などに回した方がよいだろうということになるかもしれませんね。自分の職場がどんな特徴があって何ができるのかを考えることが重要なのです。

心理療法はどのくらいの時間やるの？

さきほど、遅刻についての話をしましたが、時間の設定についても少しふれておきましょう。日本で行われている多くの心理療法は五〇分か四五分でしょうか。この時間設定は基本的には同じ曜日同じ時間で行うのがよいとされています。その方が心の動きの変化を読み取りやすいというわけです。毎回会う時間や曜日が変わってしまうと、変数が多くなりすぎて、たとえば今週元気がないのか、朝だから元気がないのか分からない、というようなことです。また、心理士の方としても、いつも同じ時間に会った方が、自分のこころの状態を一定に保ちやすいと言えるでしょう。

ただ、これはあくまでも原則。職場の状況によっては、同じ時間を設定するのが難しいこともあるかもしれません。主治医の診察とセットで心理療法を行っているところでは、主治医が心理療法の時間に診察予約を入れてしまう、なんてことが起きたりします。このあたりがとても難しいところで、もし自分の工夫で何とかなるようであれば、できるだけ一定の時間設定にできるようにしていくのがよいでしょう。私の感覚としては、周囲と喧嘩にならない程度に工夫していくということですが。

また、時間にきっちりと終るのも重要だという先生もいらっしゃいます。これは本当に厳格に、秒単位の狂いもなくそうしている人もいれば、多少の余裕をもって、その時間すぎて話が途切れたら終わらせる人もいます。私は後者でやっています。

この時間の問題は最初が肝心というところがあります。最初に心理士側がゆるゆるだと、患者さんもそれでよいのだと思いますので、最初の何回かでこれは時間通りに終わるものだと示すことが必要です。多くの患者さんが、この面接は何時から何分間ですと言って初めて、最初の何回かで心理士がきちんと終わらせれば、その後は問題なくそれに合わせてくれます。

しかし、それでも、決められた時間で終わらせにくいような患者さんがいます。としたら、それがその患者さんの特徴だと考えてよいでしょう。そのときに絶対に時間をずらしてはいけない、ということではありません。その場その場での判断が必要なことも多いでしょう。

ただ、時間は絶対に守らなければならないというものではないということと、最初から設定をちゃんとする必要がないということとは違うんです。最初に時間の設定をしっかりとしておいて、そこで患者さんがどのような動きをするかをみていくというのが心理療法においては大切になってくるのです。臨床に限らず多くのことがそうかもしれませんが、学校で習ったことというのは働き始めると、絶対きっちり守らなきゃ、というわけではないけれども、まったくどうでもいい、というわけでもなく、その両端の間のどこかに、自分にとってちょうどよいところがあるものです。

また、心理療法は五〇分やらなきゃいけないと思ってしまう人もいるかもしれませんが、そういうわけでもありません。何らかの能力的な制限によって長く喋るのが難しそうであったり、身体的な疾患によって体力がなくなっていたり、統合失調症を含めた精神病圏の問題がある可能性があって不安が極端に強かったりなどの場合には、三〇分だってかまいません。時間が先に決まっているわけではなく、何を目標にするかが問題なわけです。もちろん、時間を短くした場合には、それだけこころの奥の方まで探索するようなことは難しくなるわけですが、それだけが心理療法の目標ではないのです。

患者さんが来なかったら？

遅刻の話をしましたが、遅刻どころか、患者さんがまるっきりいらっしゃらないということもあります。電話で連絡があるときもありますし、ないときもあります。そんなときにはどうしたらいいいか。これはとても重要なことです。患者さんはキャンセルした次の回の面接で、キャンセルしたことについて色々なことを考えていたりするものです。心理士は怒っているかもしれない、あるいは不愉快な気持ちにさせたのでは、あるいは見放されてしまうかもしれない、などなど。また、そう思っているからこそ、患者さんはそこに触れないようにするという場合もあるでしょう。そして、私のように気の弱い心理士はそれを察知すると、そのことを話題にしづらくなってしまったりします。となると、そのまま何となく取り扱わずに流してしまうかもしれません。しかし、よく考えてみると、それでは何かキャンセルにつながる要因があった場合には問題を繰り返すことになってしまうんです。そうなるとキャンセルが続いてしまって、やがて中断になってしまうなんてことが起こってしまいます。私も最初にキャンセルが始まったときに、もっとよくそのことについて話し合っておけばよかったなぁなんていう後悔の残ったケースがありました。

また、最初のキャンセルの後で取り上げないで済ませてしまうと、その後で介入しようと思っても前は何も言わなかったのに今になって急にキャンセルのことを言い始めたぞとなってしまうので、最初のうちから、キャンセルについては、どうしてキャンセルしたのかを責める口調ではなく取り上げることが大事になってきます。また、可能であれば、背後に心理療法に来ることに対するネガティブな気持ちが隠れていないか、ちらっと聞いてみてもよいかもしれないですね。

「このところとても深刻な話が続いたけれども、ここにくるのがだんだんつらくなってきてしまったっていうところもありますかねぇ」

などなど。

ただ、こうしてキャンセルについて取り上げることを難しくさせる要因のひとつとして、ぶっちゃけた話、キャンセルをされると心理士側が傷ついてしまうということがあります。やっぱりね、患者さんが来ないと、ショックなんですよ。しかも、なぜかキャンセルって、人をまたいで続いたりしてしまって、なんか最近、自分の患者さん、みんなキャンセルなんだけど……、となって心理士の気持ちをどよんとさせます。そして、心理士側が傷ついて自分は駄目な治療者だって惨めな気持ちになると、治療に対して積極的になれなくなってしまうかもしれないですし、あるいは患者さんに対してなんで休むんだと腹が立ってきてしまうかもしれません。そうした気持ちを感じること自体は、別におかしなことではないんだろうと思います。むしろ、一生懸命に心理療法に取り組んでいるから、患者さんにキャンセルされるとショックを受けるんです。でも、そうした気持ちが次の面接の日までに自分のこころの中でそれなりに整理をされていないと、キャンセルのことを取り上げづらくなってしまうかもしれませんし、取り上げたとしても、ちょっと責めるような口調になってしまうかもしれません。だから、これはキャンセルに限らずですが、患者さんがどうかというだけではなくって、心理士側が自分の気持ちを保つということも、大切になってくるわけです。

枠組みと自分らしさと

さて、治療の枠組みが大事だという話を何度も繰り返すと、何だか息苦しく感じてしまう方もいるかもしれません。もっとその場で感じた通り好きなようにやらせろと。『はじめに』でこうするべきだって話はしないって言ってたのに！」なんて思われた方もいるかもしれません。ただ、この話は必ずこのやり方をしなさいというよりも、その職場での自分なりのやり方を決めて、それを意識するとよいですよということなのです。

そして、いつものやり方を意識したとしても、その場で感じてやりたくなってしまうことをけしからんと否定しているというわけではありません。むしろ、そんなふうについ自分がしてしまうこと、知らず知らずにやってしまっているようなこともまた枠組みと同様に大切なんです。この二つはどちらが大事というのではなく、相補的なものなのでしょう。つまり枠組みの部分があるからこそ自分がやりたくなってしまう部分が意味を持つし、自分がやりたくなってしまう部分があるからこそ枠組みが必要になってくるんです。

普段は比較的中立的に淡々と聞いているけれども、この日は大きく気持ちを揺さぶられて、「そんなことをしてはいけないです」と言いたくなったりとか、実際に言ってしまったりとか、そうしたときにこの場で何か重要なことが起きているぞと思えるのは、普段の自分はどういうふうに話を聞いているかという枠を意識しているからなのです。

治療の枠組みとは、必ず守らなければならないというものではなく、逆に私たちらしさや、あるいは私たちと患者さんの関係の中の固有の部分を浮かび上がらせてくれるものだと言えます。普段の治療の枠組みがしっかりあるからこそ、そこを超えたその人らしい言葉や振る舞いがインパクトを持つのであり、逆に人がそうして自分らしく自由に振る舞おうとする存在だからこそ、治療の枠組みを作ることが意味を持つということなんですが、ちょっとこれだけでは理屈っぽくて分かりづらいかもしれませんね。

例を挙げると、以前にコンビニに「手づかみでおでんを取らないでください」という注意書きが貼ってあるのがツイッター（現X）にアップされて話題になったことがありました。これなども、人が高温のおでんを思わず手で掴みたくなってしまうほど自由に振る舞いたい存在だからこそ、おでんを手づかみで取ってはいけないという枠組みが必要なわけであり、そもそも誰もそんなことしないのであればそんな枠は必要がないし意味がないわけです。また、そうした注意書きが貼ってあるがゆえに、手づかみでおでんを取ろうとする人々の自由な振る舞いがより際立ったものとしてネット上のみんなの注目の的となったわけです。つまり、枠組みと自由な自分らしい側面はコインの表裏、相補的な関係にあるのです。

この枠組みと自由なその人らしさの関係についての考え方は心理療法だけではなく、世の中に様々にあるルールというものの捉え方が変わるようなものだと私は思います。たとえば学校の校則、なかにはスカートはひざ下何センチとか天然パーマは登録しなければならないとか下着は白とかモヒカン禁止とか随分色んな校則があったりするらしいですし、そんなものなくてもいいのにと思ってしまったりしてしまいますが、実は校則は本当は必ず守らなければならないというものではなく、かといって逆にまったくなくってもよい、破ってよいというものでもないのでしょう(そんなことを言ったら学校の先生には怒られてしまうかもしれないですが)。生徒たちが、校則を守ったり破ったり、守らなきゃいけないと思いつつ破ってしまったり、あるいは思わず知らずに破っていたり、校則を破ったことで先生に怒られたり、あるいは破っても怒られなかったり、そうした規則との関係で様々な体験をしていくこと、そこに生じるものの中にその人の人生の体験が現れて、生徒たちはそれを学んでいくのでしょう。

そのため、心理療法においても、枠組みを絶対に守りなさいというよりも、枠組みを通して、患者さんも、心理士自身も、様々なことを体験して、それについてお互いに話し合っていかれるということがよいのでしょう。

実は度量の問題もあったり

あと、治療の枠組みに関して、最後にもうひとつだけ。これは元も子もないことに思われてしまうかもしれないからか、あまり誰も言っていないような気がするのですが、どのくらい厳格なものとして治療の枠組みを設定するかということについては、その職場の状況や患者さんの病態、採用される技法だけではなく、その心理士さんの持っている度量っていうものがある気がするんです。つまり、かなり曖昧な枠組みの中で、どんどん冷静にさばいていけちゃう人もいます。一方、治療の枠組みがその都度大きく変化してしまっては、なかなか自分のこころを一定に保てない方もいます。本当はそうして外的な変化があまり得意ではないのに無理をして周囲に合わせて幅の広い治療の枠組みを設定してやっていると上手くいかなくなってしまうでしょう。だから、ひとつには自分自身の限界を知るということも大切です。実は私は、ここ十年弱の間、毎日まったく同じ昼飯を食べているくらいに、あんまり変化が得意ではない方なのです（ちなみに塩バターパンとプリン）。そのため、そのことが自分で分かってきてからは、自分の柔軟さを過大評価せずに、無理のない範囲で治療の枠組みを設定するようになってきております。

第二章　ドキッ、病棟カンファで質問された！

カンファには色んな職種が出る

さて、心理検査と心理療法のお話をしましたが、病院心理士の仕事はそれだけではありません。たとえば、病棟カンファレンスに出るなんていうことも業務に含まれてきます。恐らく多くの病院でそうだと思うのですが、医師の先生方だけや、看護師さんだけではなく、カンファレンスは多職種が集まってやることが大切だと考えられるようになってきており、私のような心理士や、精神保健福祉士さんや薬剤師さんなども加わります。

とは言え、やっぱり医師の先生方が中心のカンファは医学用語も多いですし、最初は語られていることが、さっぱり分からなくて、ただポカンとしながらその場にいるというだけになってしまいます。そんなとき、

「心理士さん、どうですか？」

と急にふられて、「わぁ、来た！　何言ったらいいんだ！」とパニックになってしまったりしま

す。さぁ、大変です。

二本目の柱「見立てること」

これは心理士である私からの見え方かもしれないですが、「薬剤師さんは薬のことが話せるし、精神保健福祉士さんは社会資源のことなどを話せるけれども、心理士って、何の話をしたらいいんだ？　心理士の専門ってなんだ？」と考えるとよく分からなくなってきてしまいます。

心理学、つまり、こころについての専門家です、と言ってみたとして、でも、精神科医の先生もこころの専門家じゃないのかな、と言われると、それは確かにそんな気がします。

「じゃ、精神科医と心理士はどう違うの？」と言われると、ぱっと思いつくのは、精神科医は薬が出せるけれども、心理士は薬が出せない、精神科医は忙しいから短い時間しか会えないけれども、心理士は暇だから一時間じっくり話を聞ける、といったようなことしか浮かんでこなかったりして（いや、実際はそんなに暇なわけじゃないですけど）。

そう考えると、心理士は「暇で薬が出せない精神科医の劣化版みたいなもの」というわけ？　もしそうだとしたら、自らの職種のハイグレード版の精神科医の先生がいっぱいいる中で、特に心理士が新たに発言できるようなことなどないような気がしてきてしまいます。

そんなこともありまして、私は心理士というのはなかなか専門家としての自信を持ちづらい仕事なんじゃないかと思っています。もちろん、その心理士さんの性格にもよるので、最初から自信満々な方もいらっしゃると思うのですが、少なくとも私はそうでもなかったですし、私の周りの人の多くも、自分のやっていることは本当に意味があるのかなぁとか、果たして役に立ってるのかなぁとか思いながら働き続けてきたように思います。医療領域で言えば、当然、医師がいない精神科の病院はありませんし、看護師がいないところもないでしょうが、心理士がいない精神科のある病院はあったりします。あらら、そんなことを聞くと、不安を掻き立てられて、「やっぱりいてもいなくてもいい職種かも！」という気がしてきてしまったりするのですが。

ただ、こんな悲観的なことばっかり言っていても仕方ないですし、実際、だんだん長く働いていると、それでも心理士らしい見方、心理士の専門性っていうものはあるんだろうというふうに朧気《おぼろげ》ながら感じられることもぽつぽつ増えてきます。

私はこうしたカンファレンスを含めた他職種とのやり取りの中で、心理士が特に専門性を発揮できるのは見立てなんだろうと思います。もうちょっと詳しく言えば、診断名とかではなく、その患者さんの状態を見立てたことについて誰にでもわかる言葉で説明することができるということです。心理士の臨床にとって大切な三本の柱を考えているという話をしましたが、一本目の枠組みに続いて、二本目は見立てることなのです。

被災地での思い出

ここでちょっと寄り道をしましょう。これはまだ私が働き始めて数年目だったので、今以上に自分はこの仕事で何か役に立っているのかなぁと無力さを感じていた頃の話です。当時、東日本大震災があり、日本中が大きな不安に苛まれ、いつもと違う空気が漂っているときのことでした。私の勤め先の病院でも心のケア・チームが結成され、医師とコメディカル、そして病院事務の方が数名でグループを作り、一週間交代くらいで被災地に派遣されていきました。まだ、震災が起こって数カ月で、現地に着くと道の真ん中に船が乗り上げていたり、海を眺めると家が浮かんでいたり、これまで見たことがないような情景が広がっていました。私たちのグループが訪れたのは原発に近い地域だったこともあり、病院の放射線科から線量計を借りてきており、その意味でもいつもと違う緊迫感が漂っていました。

私たち心のケア・チームは学校に行ったり、避難所に行ったり、色々なところに出向いたわけですが、ある日、三歳児検診の手が足りないからということで、私と児童精神科医の先生が検診が行われる幼稚園に手伝いに行きました。そこで児童精神科医の先生は診察を担当するわけですが、心理士に三歳児検診で何をさせたらいいのか分からずに困ったからかどうかは分からないですが、私はプレイルームのようなところで診察の順番待ちをしている子どもたちを見ていてほしいと言われました。まぁ、心理士ではなくてもいい仕事と言えば、そうなのだと思います。そうは言っても、私に不満はなくって、被災地に入るときには、心理士としてやることが特にないようであれば、瓦礫でもなんでも運ばせていただきますという気持ちでしたし、子どもと遊ぶのも嫌いではないので、やりますやりますと喜んで引き受けました。

たくさんの子どもたちがそこに訪れ、私は本を読んであげたり、ボールの投げっこをしたり、しがみつかれたり、肩に乗られたりしながら、その場を過ごしていました。子どもの集団は面白いですね。一人の子に本を読んであげると、他の子たちも自分も読んでと集まってきて、中にはちゃんと順番を待つ子もいれば、他の子を押しのけて自分の本を先に読ませようとしてくる子もいて、押しのけられると途方に暮れた顔で何もできなくなってしまう子もいれば、それはルール違反だとちゃんと文句をいう子もいて、三歳の頃から色んな性格があるんだなぁと、当たり前のことですが感心してしまいます。

そんなこんなで子どもたちと遊んでヘトヘトになって、夕方頃に検診が済んで、最後に精神科医の先生や地元の保健師の方々、そして私も含めて、全体でミーティングを行って、それぞれの気になる事例を振り返りました。そのミーティングの場で私はたとえば大体こんな感じに発言をしていきました。

「あの子は確かにここに来てからずっと誰に対しても反応しないでただ一人で遊び続けていたので発達の偏りを考えてもよいかもしれないですが、この子に関してはお母さんと二人でいてこの子の方からお母さんに寄っていったときに、お母さんがそれに対してまったく反応を示せずにただぼんやりとしていて、子どもの方は何度もお母さんにかまってもらおうとしていることがあったんです。ひょっとしたら、この子が何か幼稚園で問題を指摘されたのだとしたら、むしろお母さんの方が抑うつ的になっていて、その影響が出ているというところがあるんじゃないでしょうか」

こんな感じに子どもたちと遊びまわる傍らで観察したことをお話させていただいたのです。その場で私が言ったことに対してどうだったといった記憶はないのですが、その次の日のことです。次の日もまた同じところで三歳児検診のお手伝いをすることになりました。そこで、さぁ、けっこう昨日で疲れているけれども、今日も子どもと遊ぶぞと思っていると、一人の保健師さんが私の方にそっと近づいてきました。そして、私に小さな紙に書かれたメモを手渡して、
「今日はこの子とこの子が心配なんで、どんな様子だったかを見ていただきたいんです」
と小声で伝えてくれました。

そのとき私は、自分の心理士としての能力を、他の職種の方々から、初めてしっかりと頼りにしてもらえたように思ったのです。この人は何か自分たちとは違う専門的な見方で物事を判断することができる人だと思ってもらえたのだと。それまで、もちろん、自分なりに真面目に頑張って働いてはいたものの、それでも自分は何か意味があることができているのだろうか、役に立つことができているのだろうかと疑問に感じながら働いていた私にとって、それは些細な場面でしたが、とても大きな忘れられない出来事となったのでした。そして、このまま焦らずしっかりと研鑽を続けていけば、少しずつでも周囲から頼りにしてもらえる心理士になれるのかもしれないと感じたのです。

今働き始めたばかりの心理士さんの中には、自分は何をやっているんだろうか、この職場で自

分の存在は意味あるんだろうかと、無力感を抱いていらっしゃる方もいるかもしれません。でも、あなただけではなくって、最初はそういうものだという気がするんです。大学院で二年間心理学を学んだだけで、現場に出たらすぐに、どんどん人のこころを理解して悩める人々を救ってしまうなんていう人は、ひょっとしたら、どこかにはそんなすごいやつもいるのかもしれないですが、ほとんどいないと思うんです。ただ、地道に少しずつ、飽きず焦らず、臨床と研修を続けていくことで、三年経ち、五年経ち、十年経ち、少しずつ少しずつ、あれ、何か前よりも頼りにしてもらえているかもしれない、前よりも役に立っているかもしれないと思える瞬間が増えてくるといったようなものなのでしょう。そして、何かのはずみで調子に乗って、ちょっと自分心理士としてだんだんいい線行ってきたぞなんて思ってしまうと、ちゃんと伸びた鼻をへし折ってくれるどうにもならない患者さんに出会ったりするものなので、その意味でも心配（？）はいりません。

少し話が逸れ過ぎたので元に戻しますと、このときに私が認めてもらえたのは、自分が見聞きした情報をもとにして分かりやすい言葉で見立てをして他職種に伝えるという能力でした。先述のように私は心理士が他職種と関わるうえで、最初に役立つことができるのは、このような見立てに関するものだと思っています。

それぞれの職種ならではの見方がある

カンファレンスの話に戻りましょう。心理士が他職種の方に自分の専門性を活かして役に立てることとして、見立てを伝えることがあると言いましたが、「それじゃ、心理士ならではの見立てってどんなものなんだろう？」という疑問があるかもしれません。見立てと言ってもアセスメントと言ってもフォーミュレーションと言ってもいいですが、そうしたことは精神科医の先生方をはじめとして、どの職種でもやっているんじゃないかと言われると、そんなような気もしてきます。その中で心理士として何を言ったらいいんだろうかということです。

最初に多職種のカンファレンスに参加をすると、どうしても他の方々と同じように理解しないといけないという気持ちになってきたりしてしまうものです。医師の先生が多いカンファにいると、医師の方と同じ物の見方をする必要があるんじゃないかという気になってくるかもしれません。ただ、それだとそもそも多職種の意味がないわけです。むしろ、医師やら、その他の専門職の方々と違う点からものを言ってもいいし、それが求められているかもしれません。とは言っても、その場で全然違う視点で意見を言うというのは勇気がいるものですが。

職種によって事例の見方が違うということで言えば、こんな笑い話を聞いたことがあります。ある患者さんが急に調子がよくなりました。そのことについて、主治医の先生が精神科医たちの学会で、この薬を変更したことで症状が改善したと発表しました。一方、同じときに担当していた心理士は心理療法の中でこれまで語られなかったこういう話が語られて面接が展開して、患者さんが変わってきたと心理療法についての学会で発表をしていました。さらに、精神保健福祉士さんはこういう社会資源を導入したために患者さんの活動性が高まって適応が改善したと、ワーカーさんの学会で発表をしたかもしれません。それぞれの職種が学会では自信満々で自分の介入が効果を与えたと発表していて、結局、いったいどうしてよくなったんだと。それで本人にどうしてよくなったのって聞いたら、「春になって気候がよくなったからかなぁ」って、また全然違うことを答えたらしい。

この話は私は別に悪いことだとは思わないんです。実際のところ、私が受け持った患者さんの中でも幸いなことに驚くほど改善された方がいらっしゃいますが、事例を発表するとしたら、あれこれと仮説を考えて、こういうことでよくなったのではと言ったりすると思うのですが、結局のところはどうしてよくなったのか分からないというのが本音だったりします。

それぞれの専門家がそれぞれの関わった領域の中で起こったことを推測するのは当然ですし、今後の自分の他の患者さんへの対応に活かすために必要なことでもあると思います。そして、重要なのが、自分はそう考えたけれども、そうではないものの見方をしている別の専門家もいるということを知っていることなのでしょう。これは、医師が考えたこと、心理士が考えたこと、精神保健福祉士が考えたこと、薬剤師が考えたこと、患者さん自身が考えたことのどれが正解なのかということではありません。いろんな可能性があるでしょうし、色んな可能性があるということを知っておくことが大切であり、そうして幅広い可能性が考慮されることが、結局はその患者さんにとってのメリットを増やし、リスクを減らすことにつながっていくのでしょう。そのため、カンファレンスで他の専門職と違う意見をいうことを怖がることはありません。逆に違う意見だからこそ言う必要があるかもしれません。だから、多職種のカンファレンスで意見を求められたときには、今まで先生方が話していたことからずれちゃうなとか、全然見当違いな意見かもしれないなと思っても、ちょっとだけ勇気を出して発言をしてみましょう！

どうやって見立てたらいい？

「それじゃ、見立てが大事だということは分かったけど、どうやって見立てたらいいの？　精神科医の見立てとどこが違うの？」といった疑問は解決していませんね。多職種のカンファレンスで、精神科医の先生が議論する中で、少し違った見方として心理士が言えることは、私はその患者さんのこれまでの対人関係や人生の選択のパターンなどの生育歴全体を通して現在の問題をみることと、そうした患者さんの持っている繰り返される人生のパターンが今の治療関係にどのように影響を与えているかを考えることがあげられるのではないかと思っています。

後者については、第五章でも取り上げていくので少しだけ置いておきましょう。

前者はもうちょっと簡単な言い方をしてしまうと、その患者さんの人生の物語を読むような見方ということになるでしょうか。これは単に病歴、つまり病気の歴史として患者さんの生育歴を読むのではなくて、その方がどんな人生を生きてきたのかということを見立てていくような見方とも言えるでしょう。こうした患者さんの人生そのものを想像する視点が、もちろん精神医学の中にはないというわけではありませんが、目に見える症状から分類するＤＳＭが中心となった現代の精神医学の中では相対的に弱まってきているように思いますし、だからこそ心理士がそこを補う必要があるところなのではないでしょうか。

と言いましても、精神科医の中でも様々な先生がいらっしゃいますから、生物学的なところに強い先生もいらっしゃいますけれども、心理療法／精神療法に造詣がある先生もいらっしゃいますし、そういう先生はカンファレンスでの発言が心理士の視点と重なる部分も多く、したがって、「せっかく言おうと思っていたのにあの先生に先に言われてしまった！」ということも起こってくるので要警戒なのですが。

繰り返しと穴の空いたところ

さて、それでは人生全体から患者さんの問題を見ていくというのはどのようにやっていったらいいでしょうか。見立てについての本はたくさん出ていますし、それだけで語りつくせないくらいのテーマなので、ここで包括的に説明することはできませんが、強いてあげるとすると、患者さんの生育歴の中から、繰り返されているところと、穴の空いているところを探すということが重要です。

この人の人生の中で何が繰り返されているのか。それは対人関係かもしれないし、人生の選択かもしれないし、何らかの失敗かもしれません。

もちろん人生で何かが繰り返されるというのは患者さんに限ったことではないですよね。私たち心理士側もそうですし、それ以外の誰でも人生の中で何度も同じようなことを繰り返しながら生きている。同じようなことを繰り返しながらも、少しずつ変わっていく部分もあるだろうし、それでもふと自分が子どもの頃と少しも変わらない失敗をしているのに気がつくこともある。そうしたことに目を向けていくわけです。

そして、患者さんの生育歴から繰り返されているものを探しながら、こんな人生を送ってこられたのだなと想像していくと、「あれ、ここはどうなっているんだろう？」と分からない穴の空いた部分が出てきます。「お母さんは何度も出てくるのにお父さんの話は全然出てこないんだけど、どんな人なんだろう？」ってことかもしれないし、「高校までこういう感じで育ってきたのに、どうして高校を出てから全然違う人生になっていっちゃったんだろう？」ということかもしれないし、どうしてこの人がこの住むところが違いそうなご主人と結婚したんだろうっていうことかもしれないし、何だか不思議な部分が見えてきます。

心理士の仕事の役割として患者さんを理解することがあるかもしれないですが、理解しなきゃと思えば思うほど、最初のうちはおかしなところもそのまま受け入れて納得してしまいやすいものです。でも、本当は逆で、その患者さんを理解する近道は、分からないところを探すことなんです。その人の人生のもっとも特徴的な部分は、一見すると矛盾しているようなところ、筋が通らないところ、ぽっかり抜けているように思われるところに、もっとも色濃く表れていると言えるんです。だから、生育歴を聞くときには、その患者さんのことを分かるために、分からないところを探すということになります。穴の空いた分からないところが見つかって、どうしてこうなっちゃったんだろう、この時期はどうだったんだろう、この登場人物は全然説明されてないけどどんな人なんだろう、なんていうことをうーんと頭を絞って考えて、あれ、ひょっとしたら、なんて思い浮かんでくると、その方についての見立てが自然に浮かび上がってきたりするものです。

その見立て本当にあってるの？

心理士の仕事として見立てが大事という話をしてきましたが、「それ本当にあってるの？あっているってどうして証明できるの？」なんていう疑問があるかもしれません。カンファレンスで生物学的な医師の先生たちの意見とは異なる、患者さんの人生全体についての見立てをと言いましたけれども、科学的な話をしている中で、そんな主観に基づいていい加減なことを言ってもいいのかねと。

まぁ、現実的な話で言えば、多職種カンファレンスの中では、たとえ心理士があんまり主観的すぎる見当違いなことを言ったとしても、「そういう見方もありますねぇ、他にはどなたか」と言って、司会の先生がさっと流してくれますので、言った心理士自身が「外したー」と思うだけで、患者さんにとって大きなデメリットはないでしょう。逆にその場の多くの先生が気がついていなかったけれども、言われたらこの人の苦しみはこういうところから来ているのかもしれないと感じられるようなことを言うことができたとしたら、その医療チーム全体のその患者さんへの捉え方の幅がそれだけ広がるわけです。だから、自分がカンファで何か言ったとしても患者さんにとって悪いことはないのです。

実際にカンファで発言するかどうかということについてはそうですが、「それにしたって、心理士の見立てって当たってるの？」という疑問は残るかもしれません。あるいは、そんなふうに人の人生を数行の言葉で要約してしまうようなことをして、不遜なんじゃないかって思う人もいるかもしれません。

これは単純な疑問ですが、なかなか侮れないことのように思います。この疑問について、今の段階で私が思っているのは、そもそも「その見立ては本当にあってるの？」という問いの立て方が間違っているんじゃないかということです。つまり、最初から、正しい見立てなんてものは存在しないかもしれません。「人の人生を数行の言葉で要約してしまうようなことをしてしまって」というのはまったくその通りで、とんでもなく複雑な一人の人の人生をすべて言葉にしようと思ったら、プルーストの『失われた時を求めて』よりもさらに長い長い無限の文章が必要になってくるのでしょう（すいません、私は四巻まで読んで挫折しました）。だから、そもそも見立てがその人の人生を網羅的に正しく表しているなんてことはありえないわけです。

じゃあ、そんなことしても意味ない？　いやいや、そんなことはありません。私たちは別に心理士ではなかったとしても、誰かと関わるときには日常的にしばしば誰かや誰かの人生について、こういうことなのではないかと意味づけて理解をしようとしているのだと思います。この人は優しいなぁとか、恐いなぁとか思うかもしれないし、たとえば恐いなぁと思ったら、こういうときに恐いんだなとか、きっとこういう理由で恐いんだなと考えたりするかもしれない。そんなふうに捉えることで誰かや何かと関わることができるのであり、人は自分も含めた誰かの人生を何かしら意味づけすることによって理解しようとしながら日々の生活を送っていますし、そうすることとしかできないのです。

何が言いたいかと言えば、心理士の見立てはこうした普段私たちがやっていることの延長であり、そのもうちょっと複雑で、もうちょっと専門的なものというくらいのことなのではないかということです。だから、そんなにその人の人生すべてを見抜くような立派なものでもないんですけれども、でも、私たちの今後の関わりの方向を見出すためには役に立つものなんです。

「それじゃ、上手い見立てってどんな見立て？」と言われたら、その人の人生のすべての情報を取り入れられるわけではないけれども、できるだけ多面的な検討がなされていて、そして、本人や周囲の人が聞いていて不自然ではなく説得力を感じるような見立てが上手い見立てですし、さらに、それならこの人とはこんなふうにやっていったらいいかもしれないといった、その先の介入につながりやすい見立てがよい見立てだと言えるでしょう。

また、たとえば日常生活で恐い人だなぁなんて思っていたら、思いもかけない優しい面に気がついて、「あれ？」なんて思うことがあるように、心理士の立てた見立てだって、治療の局面が変わったら、どんどん変わっていく可能性があるものだということも、頭に置いておく必要があるでしょう。個人心理療法で言えば、見立てが変わっていくというのは、患者さんと治療者の間で何か変化が起きているというサインかもしれません。

そして、これは本当に私の主観でしかないのですが、私自身の経験としても、周囲の心理士の方々を見ていても、多くの事例をみて、そして、色々な事例検討会に参加をして、他の人と意見のすり合わせをすればするほど、見立て方については上手くなっていくんですね。

正直なところ、心理療法については、経験を積めば積むほど上手くなるかどうかは（そうあってほしいと願ってはいるものの）、よく分からないところがあります。少なくとも訓練すればするほど右肩上がりに上手くなっていくのを実感できるといったようなものではなさそうです。多分、影響している因子が多すぎるのだろうと思います。

ただ、見立てについては訓練すればするほど、多くの事例に触れて、色んな新しい知識を仕入れて、多くの人の意見を聞けば聞くほど、上手くなっていくように思います。それって、やってもやっても成果が出ないことが多いこの人生の中で、なかなかに素晴らしいことじゃないですか！　そうだとしたら、心理士をやっている以上、少なくとも見立てる力を磨く訓練は頑張ってしようって思ったりもするのでした。

ダメな検査所見という毒を撒く

見立ての話との関連で、心理検査の所見の話もさせていただきましょう。心理検査は、取るだけであれば、前の日に必死でマニュアルを読み込んで、当日も分からなくなったらマニュアルで確認しつつ、何とか施行することができるかもしれませんが、そこからが大変です。特に性格検査、その中でもロールシャッハ・テストの所見は、最初のうちはもう訳が分からなくって大混乱です。いや、最初のうちはと書きましたけれども、ちょっと見栄を張りました。今でも「この患者さんの所見どうしよう!?」となることもしばしばです。

性格検査に関して言えば、患者さんに対して施行している時間よりも、所見をまとめている時間の方がずっと長いと言えるでしょう。このへんのところ、クリニックなどを経営されている精神科医の先生にしっかり言っておきたいところです！　心理士さんたちに性格検査の所見を書く時間をたっぷりとってあげてください。

もちろんロールシャッハ・テストも他の性格検査も教科書的な本はあるので、目の前のデータに照らし合わせて、この指標はこういうことかな、ここはこういう傾向を表しているのかなというのを抽出してくることはできます。よし、いいぞと、そうした特徴を箇条書きのように並べてみるのだけれど、それを最初から読んでみると、書いてある特徴がてんでばらばらで、結局、どんな人なのか分からない……こんな人間実在するのかよという気がしてしまいます……。

また、よく分からないから本の一部を丸写ししたようなかたちで所見に盛り込むと、そこの部分だけ妙に難しい言葉遣いで他の自分の文章から浮いてしまって、主治医の先生に「結局ここどういうこと？」と質問されても答えられなかったりしてしまいます。

そして、主治医の先生の診断とは違う検査結果が出たとき、たとえば先生はまったく考えていなそうだけれども、統合失調症の可能性があるのではないかと思ったりしたときなど、先生の診断と違う所見を書くのにすごく勇気が必要だったりします。どうしよう、ひょっとしたら、自分の方が違ってるかもしれないし。この検査結果をもとに治療方針が変わって上手くいかなかったらどうしよう。そうなると、先生のもともとの診断にすり寄った所見を書きたくなる誘惑が押し寄せてきます。待て待て、診断通りの所見を書くだけだったら、そもそも心理検査をする意味がないじゃないか。

そんなこんなで悩みながら所見を書いていて、しかし、そうしている間にも患者さんの次の診察日は近づいてきてしまうわけで、これでいいのかなぁ、もっと何か言えるんじゃないかなぁと思いながら、何とか検査所見をまとめてきました。

今は電子カルテですが、前は紙カルテだったというお話をしましたが、紙カルテの場合には自走台車という小さなモノレールみたいなものを使ってカルテのやり取りをしていました。ちなみに私の病院は自走台車は壁の内側を走っていたのですが、子どもの頃に行った病院のいくつかではそれがむき出しで廊下の天井を走っているところもあり、昔はそれを追いかけるのが好きだったりしました。それはさておき、検査を取った患者さんのカルテを取り寄せて、その中に自分が作ったばかりの検査所見を挟んで、自走台車で病歴室に返すわけです。でも、所見の自信がないときには、何だか自分がその自走台車で病院中にダメな所見という毒を撒いてしまっているんじゃないかという空想をしていたものでした。

データのギャップにその人の人生がある

だんだん暗い話になってきてしまいました。それじゃ、どうすればよい所見が書けるかということです。もちろん、結局は、先輩に聞いて意見をもらう、スーパーヴィジョンを受ける、文献をたくさん調べる、事例検討会に出るというのを、コツコツと何年も繰り返すということ以上には近道はないと言われたら、その通りなのですね。それはその通りなんですが、そのうえで、私が所見を書く上で大事だなぁと思うことをお話ししましょう。

先に書いたように検査を取って、それを文献と照らして、こんな傾向がある可能性、あんな傾向がある可能性というものを調べ上げることは、時間をかけさえすればできるのだと思います。ただ、それだけでは、まだばらばらの情報で人物像の形を成していなかったりします。そこを一人の患者さんの特徴としてまとめ上げることこそが心理検査屋さんの大事な仕事になるわけです。そして、そのことはもちろん、先ほどお話をした見立ての話とつながるのです。

それじゃ、どんなふうにばらばらの情報をまとめていくかということです。私が普段所見を書いていて煮詰まったときに立ち返るのは、患者さんの病歴、特にどのような問題が起きて来院したかということ、そして、どんな目的で心理検査がオーダーされたかということです。ばらばらなものをまとめるには一つの道筋が必要で、その道筋を探すためにはこの方は何で来たんだっけ、何で検査するんだっけということに、何度でも戻って考えてみるとよいという感じです。

そして、そんなふうに何とか所見をまとめようとしていくと、実はばらばらな情報は、ただばらばらなだけではなくって、ばらばらなことにも意味があるということが見えてくることもあります。先ほど見立ての話の中で穴の空いたところを見つけるのが大事というお話をさせていただきましたが、それと似たようなことがあるように思います。いくつかの検査を取って、それを一つの道筋にまとめていこうとすると、途中までいけるかなと思っても、あれ、でもこの部分がおかしいぞというところが出てきます。このデータとこのデータは合わないぞというのが見えてくるのです。分かりやすい例でいえば、知能検査では言語が得意だってなっていたのに文章完成法などの自分で文章を書いてもらう検査ではどうしてこんなに少ししか書けなかったんだろうとか、あんなに大人っぽい雰囲気の人だったのにどうしてこんなに子どものような絵を描いたんだろうとか、文章完成法ではこんなにしっかり論理的に語っているのにロールシャッハ・テストではどうしてこんなに混乱した説明になっているんだろうとか。そうなってくると、こっちの検査は取らなかったことにしてしまおうか、なんていう悪魔のささやきが聞こえてきます。ただ、こうしたデータのギャップは悩みの種ではあるのですが、実はじっくり考えていくとそこにこそその人らしさがあることが見えてきたりもします。最初にこういう人だろうというふうに頭に思い浮かべたシンプルな道筋というのは、案外、単純すぎて逆にそんな教科書の例みたいな人はいるのかなっていうステレオタイプすぎる人物像だったりします。そこからデータのギャップを入れ込むことで、そうしたステレオタイプの人間像とはその人がどんなふうに異なっているのかを考えてみて、そのことがその人の現在抱えている問題とつながったりすると、「あぁ、こういう人なのかもしれない！　書けるよ、所見が書けるよ！」となってきたりするのです。だから、人生の穴を探すのと同様に、心理検査のときもデータ間のギャップに注目することが大切になってきます。

だから言語が苦手だって言ってるのに

こんな道筋で検査所見をまとめようという方針が見えたとして、それでは今度は実際にどんな文章で書くかということになります。心理検査の所見の扱い方やフィードバックはそれぞれの施設によって異なっていて、すべて心理士がフィードバックするところもあれば、検査所見をもとに主治医がフィードバックをするところもあります。そして、所見を直接本人に渡すところもあれば、そうしないところもありますし、医療者用所見と患者用所見を別に作るところもあります。それぞれのやり方に長所と短所があると思われますが、所見を作るうえでは、それがどのようなかたちで誰に渡るのかということを念頭に置いておくことが必要になってきます。

ただ、検査を取り始めたばかりのときには、もう検査所見の内容をまとめることで精いっぱいで、なかなか誰に向けて書かれたものかによって、文章表現を調整するといったところまで目を向けられなかったりするものです。たとえば、そうやって誰に書いているのかを見失うと、気がつくと本人用所見なのにこんな風な感じになったりしてしまいます。

あなたは言語理解が苦手であり、抽象的な思考が困難で、特に言語概念の把握が弱く……

いやいや、自分で言語理解が苦手って書いているんだから、その人に抽象的な思考とか言語概念とか、そんな難しい言葉を使ったって、分からないじゃないかと。これは極端な例ですが、誰が読むかに合わせて文章を書くのは大切です。同じ医師の先生に向けた所見でも、精神科医の先生が読む所見と、それ以外の身体科の先生が読む所見は、やっぱり少し変えて精神医学用語を減らしたり、使う場合には解説を加えたりする必要があるでしょう。

それと、これは働き始めて実感したことなんですが、心理学科を卒業して医療領域で働き始めると、心理士が大学院で習ったような知識なんて、精神科医の先生はみんな知っていると思ってしまいがちですが、心理士たちが心理検査で使う言葉で、精神科医の先生方の一般的な教育の中では出てこないものっていうのは、けっこう沢山あるようです。そのため、せっかく一生懸命に所見を書いたとしても、先生方には何の話か分からなかったり、あるいは誤解されてしまったりといったことも起こってきます。

代表的な例は「病態水準」とかがありますよね。心理士が「病態水準は境界例水準であり」と書いたとして、「病態水準」という概念に接したことがない若い精神科医の先生が境界性パーソナリティ障害ということだなと理解をしてしまう、なんていう食い違いは起きやすいことかもしれません。そのため、ただ検査で分かったことをまとめるというのではなく、誰が読む所見なのかを考えて、言葉を選びながら所見を書いていくということになってきます。

この所見ってただの悪口じゃん

それにつけても、難しいのが本人所見です。文章の書き方もそうですし、内容としても、どこまで書こうかと迷ってしまいます。もちろん、世の中の流れとしては、検査で得られた情報はしっかりとすべて患者さんと共有することが必要だということになってきていますし、今後ますますそのようになっていくのかもしれません。

最近は以前と比べてもカルテ開示なども増えていますし、医療者が知ることができる情報と患者さんが知ることができる情報の間に差がなくなっていくのが、本来は望ましいということなのかもしれません。カルテ開示で言えば、私は自分が心理検査を取った患者さんが心理検査所見も含めてカルテ開示を請求されたときに、自分がどんな所見を書いたのだろうかと見直してみたところ、検査時の様子についての記載で「見るからに奇異な印象で」といったようなことを書いていたことがありました。もちろん主治医の先生に被検者の混乱の重篤さを伝えるために書いたのだと思いますが、それでもこれはご本人が読んだら「見るからに奇異だと思われていたのか！」

と嫌な気持ちがするに違いないですし、もっと違う表現はなかったのかと後悔しました。

しかし、こうした問題は、現状では心理検査の所見を書いている心理士たちには葛藤があって、主治医の先生には伝えたいけれども、同じことを患者さんに伝えるのは、時間をかけて少しずつがいいのではないかと思うことがあるのも事実です。たとえば、知的な制限や、精神病の可能性、パーソナリティの偏り、虐待の影響、セクシャリティの問題など、そのあたりのことは、本人に伝えて、それを本人が活かしていけるかは、そのときの本人の心の準備による気がしますので、本人所見を書くときにはどこまでオブラートに包んでよいかということをいつも迷いながら書くことになります。

検査のフィードバックの研究でも、患者さんがそのときにあんまりひどいこと言われたと感じてショックを受けると、ひどいことを言われたということしか頭に残らずに、検査の結果をその後に活かすことができないことが多いと言われているようです。でも、ショックを受けなそうな内容だけ残したとしたら、「あれだけ時間をかけて検査を取って、これだけのことしか分からなかったの?」という薄すぎる感じになってしまうかもしれません。

自分が書いた主治医の先生用の所見を本人所見に直そうと思い、その患者さんになった気持ちで読み返してみると、たとえば、パーソナリティの未成熟さ、自己愛的な傾向、被害妄想的になりやすいなどが目に入ると、こんなのはもう、普通に考えたら、悪口ですよね。これを自分が他人に急に言われたらショックかもしれないなぁと。

それじゃ、どうしたらよいかと考えてみると、まずできるのが言い方を柔らかくするということであり、単純な話だけれども、とても大切な気がします。たとえば、「被害的になりやすいです」というよりも、「対人関係で実際以上に悪く考えてしまったりすることがあるかも」と言った方が本人は受け入れやすいでしょう。「精神病的になりやすい」というよりも「ときどきとても混乱してしまって、普段とはちがう恐ろしい体験をしてしまうことがあるかも」などと言うと、少しは受け入れやすいかもしれません。

このように一文一文、どんな言い方なら伝わりやすいだろうかということを考えながら本人所見をまとめていきます。しかし、この作業っていうのは、実は心理検査の話だけではなくって重要な気がします。つまり、どういう言葉であれば相手に伝わるんだろうと言うことを自分なりの表現で考えていくということは、心理療法でどんな言葉で患者さんに自分の考えを伝えたらよいだろうかということにつながってくることなのです。

第三章　面接室で何を話してるの？

何話したらいいか分からない

　さて、そんなこんなでドキドキと緊張しながらカンファレンスに参加したり、溜まっている心理検査の所見を書いたりして、ふぅと一息ついて、また患者さんとのお仕事です。心理療法の話に戻りましょう。心理療法は何かワークシート的なものを使って作業をしたり、絵を描いてもらったり、箱庭を作ってもらったりするやり方もありますし、ただ自由に話してもらうようなやり方もあります。個別の技法についてはこの本の範囲を超えているので、他のもっと専門的な本をお読みいただくとして、ここでは自由に話してもらうやり方についてお話しましょう。

　別に心理士じゃなかったとしても、誰かの悩み相談にのったりするっていうことは普通にあることですよね。特に心理士になるような人は、それまでの人生の中で人から相談を受けることが多かった方が多いかもしれませんね。「そういう日常場面で誰かの相談にのることと、心理療法ってどう違うの？」という疑問があるかもしれません。

一つには少し前にお話をした通り、枠組みを設定したり、自分がどういう枠組みでどのようなことを目的としてそれを行っているのかということを意識しているということが違いますし、それを専門的な見立てのもとに行っているというところも違います。では、実際に面接の中で心理士が喋ることに違いはあるんでしょうか?

事例検討会やグループ・スーパーヴィジョンなどで初心者の方が「これじゃ普通の世間話じゃないの」と言われたりしているのを見たことはないでしょうか。って、他人事のように書きましたが、実は私も昔そう言われたことがあったりします。だとすると、どうやら心理療法での会話は普通の世間話とは違うようです。

また、そうした場で助言者の方がその心理士の言ったことについて「どうしてそう言ったんでしょう?」と聞かれることもあります。そう聞かれて、改めてどうしてと言われると分からなくなってしまうんですよね。私もそれで「ただ何となく……」と言葉に詰まってしまったりしたことがあります。私たちは普段の世間話では、そんなに色々と考えてこう言おうと思っていなくって、特に何も考えずにただ思いついたことを話している場合が多いんじゃないでしょうか。

でも、そうして事例検討会で「どうしてそう言ったんでしょう?」と聞かれるということは、すべての言葉がそうではなかったとしても、少なくとも日常の会話と比べると、心理士は何かしらの意図を持って発言することが多いということなのかもしれません。

なるほど、日常会話と比べると、心理士はこういう患者さんがこういうことを言っているので、こんなふうな介入をしようと思って、発言をしているということなのでしょうか。確かにそう考えると専門家っぽい気がしますし、そうした方がいいのかなって気もしてきます。

問題はそういうふうに考えていくと最初のうちは特に、よけいに何を言ったらいいか分からなくなってしまうんですよね。これは別に誇張でも何でもなくて、初心者のうちはなにか専門的なことを返さなきゃ、専門的なこと以外は返しちゃいけない、患者さんがこう言われたということはどういう意図で言ってきたから、それに対してこちらはどう答えたらいいんだろうか、とか色々と考えていると、本当に何を話したらいいか分からなくなってしまうんです。結果として、よけいなことは言えないから黙っていることが多くなって、患者さんからもっと何か言ってほしいと言われてしまったりします。もちろん、その心理士によってタイプが違いますから、そんなことは気にせずに、最初からガンガン喋り続けられる人もいますけれども、私は自分が心理療法を始めた頃を思い返してみると、何を言ったらいいか分からなかったですし、すごく堅くてぎこちない喋り方をしていたのではないかと思います。また、たまに若い方にふと気がついたように「面接室で何を話したらいいんでしょう」などと聞かれることもあって、そんなときは、あぁ、その気持ち分かる分かる、そう思うよねぇ、と思ったりするのでした。

それで実際なにを話しているの？

で、実際なにを話しているのかですね。最初の何回かは見立てをするために困っていることとか、これまでの人生についてとかを聞いていきますし、そのときには分からないこと、必要だと思うことを聞く感じです。ただ、その際にも一方的に知りたい情報だけ聴取するという感じではなく、できるだけ患者さんが話したいかたちで思いつく流れの中で話せるように工夫をしてあげるとよいかもしれません。

そして、この人はこういう人でこういう問題を抱えていてこういう状況にあるので、こんなかたちの心理療法がいいのではないかと見立てをして、そのことを患者さんに伝え、心理療法で何をやっていくことができるかということを相談します。結局のところ、何を言ったらいいかの大まかなところは、この治療の目標に関係しているんですね。治療の目標に対して必要なことを言っていくという感じです。

患者さんに自由に話してもらうタイプの心理療法での心理士の話すことをスペクトラムとしてイメージしてみましょう。片方の極にはアドバイスとか励ましとかがあります。もう片方の極には患者さんが気がついていないこと、あるいはまだ考えたことがないことをこうなんじゃないかと指摘する介入があります。もちろん、スペクトラムと言いましたように、そのどちらかだけではなく、その間には、たとえば精神疾患や心の状態についての専門的な知識を伝えるような心理教育や、語られてはいないけれどもおそらく感じているであろう感情について、こういうお気持ちなのでしょうと伝えること、現在の状態についてこういうことが起きているようですと整理して伝えることなど、様々なものが含まれているわけです。

「それじゃ、そのスペクトラムがあったとして、その中のどれを口にしたらいいかというのは、どうやって判断するの？」という疑問が出てくるでしょう。そこが治療の目標と関わってくるところなのです。

アドバイスってしちゃっていいの？

先ほど、スペクトラムの片方の極はアドバイスとか励ましと言いましたが、働き始めたばかりの方の中には心理療法ではアドバイスはしちゃいけないんじゃないかと思われている方がいらっしゃったりします。確かに、患者さんが自分のこころの奥の気がついていない面に気がついたり、あるいは新しい生き方を模索していったりするのを助けるタイプの心理療法についての話であれば、そうした心理療法を行う患者さんはすでに日常的なことは自分で何とかできる部分が多いですし、患者さんが自分でできることをこっちでやってしまう必要はなく、もっと心の問題に焦点を当てていった方がよいかもしれません。

ただ、特に病院などの医療機関で行っている心理療法はそうしたことばかりやっているわけではありません。今日常で困っていることについて、もともとの能力なり症状なりによって何らかの制限があって、自らの力だけでは乗り越えていくことが難しい場合には、そうした患者さんを支えるような心理療法が役立つことがあります。そういう心理療法を行っているのにアドバイスをしないのは、明らかにおかしなことでしょう。その場合にはアドバイスをしてあげたらよいでしょうし、困難なことに挑んでいくときには励ましを、もし患者さんがこれまでできなかったことができるようになったとしたら賞賛をしてあげたらよいでしょう。

さて、それじゃ、アドバイスをするとして、でも、心理療法の教科書にはアドバイスの仕方なんてあんまり書いてないじゃないかと当惑してしまう方もいるかもしれません。そうなんです、まったく書いてないわけではないのですが、その他の様々な技法と比べて、アドバイスの仕方、励まし方、褒め方といったことは、おそらくは多くの心理士さんが多かれ少なかれやっていると思うのですが、あまり教科書に書かれていないんです。そうなると、かつての私もそうでしたが働き始めたばかりの心理士さんたちはどうやってアドバイスをしたらいいのか分からなくなってしまいますよね。

それに、働き始めたばっかりの頃は、自分よりも年上の患者さんも多いですから、そんな人生の先輩たちに対して、自分なんかが偉そうにアドバイスをしたり、あるいは褒めたりしていいんだろうかって気もしてきます。

これはアドバイスをする上で私が心掛けていることですが、心理士が何かアドバイスをするとき、当然、当面の目的は目の前にある問題に患者さんが対処できることですが、その先の少し長期的な目標として、同様の問題が起きたときに、今度は患者さんが自分で対処をすることができるようにということを考えるのがよいでしょう。そのため、アドバイスを与えるときには、ただ「こうしたらいいですよ」ということではなく、どうしてそうすることがよいのかということを、できるだけ丁寧に、そしてその患者さんが理解しやすいかたちで説明することが大切です。

それともう一点、心理士は何でも答えられる正解を知っている人だとまるで神様のように思われてしまうことも、ときには避けがたいことではありますが、長い目で見て好ましくはありません。また、実際に心理士がそんなに世の中のことを分かっているわけではないので、いやむしろ私も含めて心理士なんてのは世間知らずが多いかもしれませんし、そんなに何でも適切なアドバイスができるとは限りません。時にはこうしたらよいかもしれないといったことが全然外れて上手くいかないっていうこともあります。そんなときには、やり方が悪いんだとか、そういう意味で言ったんじゃなかったんだとかいったように言い訳めいたことを言うのではなく、素直に良いアドバイスができなかったことを認められるような懐の深さが大切でしょう。

また、アドバイスをするときにはそのやり方が必ず正解なわけではなく、自分のこれまでの経験や知識からこうした方が上手くいく確率が高いと思われるという程度のものであるという事実をしっかりと示すことも大事だと私は思います。

励ましや賞賛についても、同様にしっかりと具体的な根拠を示すことが必要です。ただ自信がなさそうな人だからとむやみやたらに褒めてみたところで、本人が自分で大丈夫だと思えるようにはならないでしょうし、ひょっとしたら、逆に馬鹿にされているように思われてしまうかもしれません。あなたのこの行動がこういう意味でとてもよいと思うということを具体的に話してあげたいです。そうすることで患者さんは次も同様の場面で同じような行動をすることができるようになる確率が上がると思うからです。

励ます場合でも「きっと上手くいく」「きみなら大丈夫」と根拠なくいうだけでは、そのときはちょっと勇気づけられたとしても、後で使えるような体験にはなりません。今回の課題はこういう理由から達成できる可能性が高いためにやってみる価値があるのではないかということをしっかり根拠づけて説明して励ましてあげるように私は心掛けています。

嘘をついてはいけない

少し話が逸れてしまいますが、褒めることや励ますことと関係して、思い浮かんだことをお話させていただきましょう。その心理療法で何をしようとしているかによって、褒めても励ましてもよいだろうというようなことを言いましたが、ただし、自分が思ってもいないのに褒めるのは勧められることではありません。

きっとこの人は褒めてほしいのだろう、あるいはこの人は褒められることが必要なのだろうと考えて、まったく思っていないけれども、「すごいですねぇ」と言ってみる。そうなると、患者さんに嘘をついて、その場に起きていることを偽って伝えているわけで、これは望ましくありません。

やっぱり、実際にうわぁ、すごいな、と思ったときに、ここが素晴らしいと褒めてあげるというのが大事ですし、たとえそのことが同年齢の平均的な人たちはとっくにできていることであっても、この人にとってはすごいことだと自分が思えたらすごいと褒めてあげるのがよいでしょう。励ますことについても、自分自身がまったく思ってもいないのに、むやみに励ますのは勧められません。そうして、こちらが自分を偽って伝えることは、患者さんに対してこの人はこうしておけばいいだろうと上から操ろうとすることになりますし、結局そうしたことは次第に何となく感じとられるものです。そして、そんな偽りの関係がその心理療法のいつものパターンになってしまったら、そこから生まれてくるものというのはやっぱり偽りのものになってしまうでしょう。

先ほど私はもともとは営業マンだったという話をしましたが、営業マンの頃は実際のところよく嘘をついていました。いやいや、そんなにとんでもない悪い嘘はついてないですよ。でも、本当はもっと安くできるところを「これが限界で原価を割って怒られちゃいますから」と言ったり、他社の類似品の方が優れているって知っているときでも「当社のこの商品はとにかく優れもので」とか言ったり、そのくらいのことなんですが。しかし、私は最初そうした多くの商売をしている人がついているだろう嘘をつくことに抵抗があったんです。相手に悪いというよりも、何か自分がこれでいいのかという気持ちがあったのです。

その後、臨床心理学の大学院に入り、グループ・スーパーヴィジョンを受けている中で、私は他の人のケースについて意見を言うときに、そんなときはこんなふうに言ったらいいんじゃないかという感じで、ちょっとした嘘をつくことを示唆したんです。これもそんなすごい嘘じゃないですよ。確か治療者側の理由で設定の変更をお願いするときに、詳しく説明をすると治療者の個人情報に関係することで、しかも少しややこしい話なので、適当にありそうなことを言った方が話が早いんじゃないかといったようなことです。多分、営業時代の先輩だったら嘘とも思わないくらいのことだと思います。

そのとき、スーパーヴァイザーの先生は「面接室で嘘をついてはいけません」と言ったんです。「嘘をついてはいけない」なんていう、まったくもってまっすぐな言葉を大人になってから言われたことがなかったので、そうなのか！と驚いたことを覚えています。私の中では営業マン時代の経験から仕事というのはある程度は嘘をつくものという認識があったんですね。その先生はその後で「このことは自分も若い頃にスーパーヴァイザーの先生から言われたことなんです」と付け加えられました。

もちろん、現代の心理学的な理解をすれば、人の心はひとつというわけではなく、様々な側面が折り重なっているため、その場で自分が言えることはその中のあるひとつの側面だけであり、また別の側面も同時に存在している可能性があるので、その意味でまったく嘘をつかないというのは難しいかもしれません。そのときに自分の中では本当だと思って言ったことでも、振り返ってみたら嘘かもしれないという気持ちになることもあるかもしれません。また、臨床的には聞かれたことに対して、嘘ではなくても、まだこの患者さんに伝えるべきではないために言わないという選択が必要になってくることもあるかもしれません。

ただ、少なくとも、こう言っておいたら、患者さんはこう捉えるから都合がいいだろうといったような、患者さんを操作する目的で嘘をつくべきではないと言うことです。私はその後の臨床の中で、その先生の教えに従って面接室では嘘をつかないように心掛けてきました。

「面接室で嘘をついてはいけません」と言われたとき、私は驚きましたが、それと同時に、「嘘をついてはいけない仕事なんてまだ世の中にあったのか」と、そして、「自分が選ぼうとしているのは悪い仕事ではないかもしれない！」と思ったのでした。

患者さん自身も気づいてないことが何で分かるの？

アドバイスや励ましの話はしましたが、「それじゃ、患者さんの日常を支えるための面接ではなく、患者さんが自分自身や自分の人生に対しての理解を深めていくようなことを目標とする心理療法の場合、心理士は何を伝えたらいいの？」という問題もありますね。

こちらも患者さんの気がついていないことを言わなくっちゃと思うと、何を話したらいいか分からなくなってしまうかもしれません。それに、思いついたとしても、「これって本当に当たってるの？　全然見当違いなことを自分が勝手に考えただけじゃないの？」と思うかもしれません。

そもそも、患者さんが気が付いていないことを何で心理士側が分かるんだよという話にもなりますよね。それは本当にその通りで、だから、心理士の言うことは当たったり外れたりするんでです。今、当たるといいましたが、当たったと思ったときでも、本当に以前から患者さんの心の奥にあったことを言い当てたのか、心理士側が指摘したことによって、そこで新しく意味づけがなされたのか、結局のところはよく分かりません。そう考えると見立てのところで話したのと同様に、ある心の中の複雑なことを簡潔な言葉で説明しきってしまうと考えること自体が無茶苦茶な話で、そんなこと誰にもできるわけがないので、当てなきゃっていうような発想自体がおかしいとも言えるでしょう。と言っても、でもやっぱり最初のうちはこんなこと言っていいんだろうかとドキドキしながら伝えるということになるとは思うのですけれども。

当たる当たらないはさておき、「それじゃ、患者本人にも気が付かないところを、どうやって気が付いて指摘したらいいの?」ということです。実際に臨床をやっていると、ただ何となくこうかなと思い付いたから、言ってみたり、言ってみなかったりするというくらいのことで、あまりこうやって考えて言うことをひねり出しているというものでもないかもしれません。そうすると、結局慣れじゃないかっていうことになりますが、それだけだとあんまりなので、もうちょっと考えてみましょう。

こんなふうに考えたら患者さんにいうことが必ず思いつくといったような無敵のアルゴリズムはないのですが、私の場合の、その場でというよりも面接を振り返って、何かもっと言えたことはないかなぁなんて考えるときにヒントとなるような工夫をいくつかお話しましょう。実はそれは前に書いた見立ての立て方と同じで「繰り返しを見つける」ことと「穴を見つける」ことです。そして、もうちょっと違った視点としては「患者さんになったつもりになる」ことと、「自分が患者さんに対してどう感じているかを振り返る」ことというのもあります。さらにはちょっと変わったやり方としては患者さんの話に「～という夢をみました」とつけて考えるなんていう工夫もあります。一つずつ見ていきましょう。

繰り返しを見つける

患者さんの語る話を聞くとき、生育歴を振り返るとき、先ほどの見立ての話でも出てきたように、何が繰り返されているのかに焦点をあてていきます。そして、その繰り返されているパターンは心理療法の中でも似たようなことが起きたりすることも多いものです。人は自分では気づかずに、ときには気づいていたとしてもかもしれませんが、同じようなことを繰り返してしまうものであり、それは思わぬところで現れたりするものです。

そのため、たとえば、患者さんが「嫌な先輩にやりたくない仕事をやらされ続けている」という話をしたとして、語られた固有名詞はとりあえず置いておき、それを「AがBに支配されて嫌なことをさせられる」話としてみると、子どものころに友達にピンポンダッシュに付き合わされた話も、親に言われてしたくなかった大学受験をした話も、昨日見たショッカーの世界征服を手伝わされる夢の話も、同じような構図になっているなぁ、みたいな感じに見えてくることがあるかもしれません。

こうした繰り返しに気づいたときにどんなふうにそれを伝えるかには様々なやり方があり、そのときの患者さんの様子によって色々と調整しながら伝えていくといった感じでしょうか。

もうある程度自分の人生にはそうした繰り返しがあるといったことが共有されている状態でしたら、そのままストレートにいつものパターンになっていることを伝えてもよいかもしれません。

ただ、そうではなくって、その先輩がいかにひどいかということをこちらに一生懸命伝えようとしてきているというときに、こちらがいつもの繰り返しだというようなことだけを指摘すると、それじゃ、こっちが悪いっていうことなんですかとなって、それ以上にこちらの話が入っていかなくなってしまう可能性もあります。もちろん、そうした対立が起こったら、対立が起こったことについて取り上げていくというふうに考える方もいらっしゃると思いますが、私の場合は最初から繰り返しを指摘するのではなくて、最初はその患者さんが先輩に仕事を押しつけられてどのように感じたのかをじっくりと聞いていって、どんな状況でどんなことが起きていたのかを明確にしていくというところから手をつけるでしょう。それをじっくり聞いていき、ひと段落した段階で「お話を聞いていて、これはこの間のことに似ているような気がしてきました」と、最初はただ類似性を指摘するところから入っていきます。あなたの捉え方が、あなたの行動パターンが、といったような患者さん側の要因によって状況が繰り返されているという推論は、実際にそうなのかどうかも分からないですし、類似性を指摘した後の患者さんの反応によって、どこまで言うかを調整していきます。

ただ、その心理士によって、このあたりをもっと恐れずにどんどん指摘していった方がよいと思われる方もいらっしゃるかもしれませんね。

さて、それじゃ、何だか誰かから強制されてしたくもないことをさせられるという繰り返しがありそうだぞとなってきたら、もちろん、この心理療法でも心理士に嫌なことをさせられていると体験しているのかもしれません。そうした可能性について、心理士は敏感になっている必要があるわけです。そして、それに気がついたら、「ひょっとしたら、ここでも無理矢理嫌なことをさせられているって感じたりするかなぁ」なんて聞いてみたりすることもできるでしょう。

穴を見つける

こちらも見立てのときにお話したのと同じように、患者さんの話を聞きながら、ごく自然に考えると語られてもよいような考えなり気持ちなり出来事なりが語られていないといった抜け落ちた部分を探すことです。たとえば、話の内容としてはどう考えてもひどいことをされているのに、少しも腹立った様子はなく話している患者さんに対して「本当は腹立たしいかもしれないけれども、そう思ってはいけないと感じて怒りを抑え込んでいるのかも知れない」と言えるかもしれません。

あるいは、ずっと一緒に暮らしていてニートの患者さんの世話をしているお母さんの話がまったく出てこなくて、聞いている側もこの人は一人暮らしなんじゃないかという気がしてきてしまうような場合もあるかもしれません。そんなときには「今でもお母さんに頼らなければ生きていけないということを認めがたく思っているのでしょう」なんて言えるかもしれません。まぁ、でも、今のは言うかどうかの判断は慎重にするべきちょっと厳しめの内容かもしれないですね。そこまでいきなり深入りしないとすると、ごく普通に「あれ、そう言えばお母さんと一緒にお暮しになっていたのですね。あまりお母さんのお話をされないので忘れておりました」とそのまま伝えるところから入ってもよいでしょう。このように話の穴から考えていくやり方は、患者さんの心の中のある通行止めになっている部分を通してあげるようなイメージです。

患者さんになったつもりになる

さて、次は自分の体験を使うやり方です。患者さんになったつもりになるというのは、そのままですね。自分がその立場だったらと想像するわけです。そして、自分だったらどうだろうと思ったとき、すごく悲しいだろうという気がしたけれども、患者さんが少しも悲しそうじゃなかったとします。そんなとき「本当はすごく悲しいけれども、そんな姿を人に見せてはいけないと思われているのかもしれません」と言えるかもしれません。もちろん、そのまま「あなたは本当はとても悲しんでいるのでしょう」と直接に伝えることもできるでしょう。

この「自分だったらどうだろう」は、専門家でなくても、誰でもできることであり、自然にそういうことをしているという心理士も多いと思いますが、関係が煮詰まってくると、人は相手の立場など考えられなくなってきてしまうものでもあるため、患者さんとの関係が上手くいかなくなったとき、行き詰まりを感じたときにあらためて試みてみるとよいかもしれません。

～という夢をみました

次の「自分が患者さんに対してどう感じているかを振り返る」というのは第五章のテーマと重なるので後ほど改めて取り上げることにさせていただきます。

ということで、最後は「～という夢をみました」をつけるやり方の説明をしましょう。

私たちは日々の心理療法の中で、患者さんの気がついていないこころの問題を指摘しようと思っていたとしても、実際に色々と困っている日常の話を聞いていくと、心理士の方もそれを現実のこととしてしか聞けなくなってしまうといったことが起こってきます。もちろん、現実のこととして聞くのは必要なことなのですが、それぱかりでは、患者さんのこころの中の気がつかない部分を探索していくことができなくなってしまいます。そこで患者さんの話を現実のこととしてしか聞けなくなってしまったときのちょっと違った視点を持つための工夫が、頭の中ですべての患者さんの話に「～という夢をみました」とつけて聞くというものです。面接の場で語られる物語を、あたかも夢のようなものとして聞くわけです。

さっきの例えを使ってやってみると「嫌な先輩にやりたくない仕事をさせられた夢を見たんです」と患者さんが言ったと考えてみるわけです。そうすると、こちらはその先輩をどうしたらいいだろうかという現実的な話だけに縛られずに、患者さんの心の中のありようを表している話として考えやすくなるのです。

しばしば私たちは、患者さんの現実の状況が切迫してくると特に、患者さんの話を現実のこととしてしか聞けなくなってしまいます。その言葉に含まれているはずの、多重で多様な意味の可能性に目が向けられなくなってしまうのです。そんなときこの「〜という夢をみました」は私たちの固まってしまった視線をほぐしてくれるのに役立つかもしれません。また、少し慣れてきたら、「それじゃ、その夢の登場人物の中で、自分はどの位置に配役されているんだろう？」なんて考えてみるのも、この場の関係を患者さんがどんな風に感じているのかについて考えていくためにとても役立ちます。

なので、最初から面接の場で行うのは難しいかもしれませんが、面接が終わった後のちょっとした時間で患者さんの話に「〜という夢をみました」ってつけて考えてみるとどんなことが思い浮かぶかなぁと試してみていただけたら、発想の練習になるのではないでしょうか。

語り直すと過去が変わる？

さて、「そんなこんなで話を聴いていて、いったい心理療法で何がよくなるの？」という疑問もあるかもしれません。実はやっている方も、もちろん専門用語で理論的にどう変化するかを説明することはできても、本当のところは何だか分からないけれども、よくなるときにはよくなる気がするというのが実感だったりします。それに、患者さんの治り方は様々なので、ある説明がすべての患者さんに当てはまるといったものでもないかもしれません。

そんな心理療法で起こることのひとつとして「過去が変わる」なんて表現されることがありま

す。でも、ごく一般的に言えば「過去は変わらない」と言われることの方が多く、もちろん落ちた大学に受かったことになるわけはなく、仕事で失敗をしなかったことにもならないですし、つらい恋人との別れもなかったことにはならないため、その意味では「過去は変わらない」です。それでは、心理療法で「過去が変わる」とはどのようなことかと言えば、「その人にとっての過去の経験の意味が変わる」ということなのでしょう。

具体的な例が話せたらいいんですが、この本は色々な方に気軽に読んでもらいたいと思っているので、実際に私が会ってきた患者さんの話をするわけにはいきません。このことは本書全体を通した悩みでもあるんですよね。できるだけ具体的な私の仕事の話をしたいけれども、患者さんの話はしないようにしないといけない。ただ、過去の経験の意味がどんなふうに変わりうるのかについて、やっぱりちょっとくらいは説明をしておきたいなぁと思うので、ここで症例ジバニャンについて話したいと思います。そう、ジバニャンは「妖怪ウォッチ」の中心的なキャラクターで、地縛霊となった猫のジバニャンです。

「ポケットモンスター」のピカチュウが主人公に対して献身的で、ときには過剰適応気味なのに対して、ジバニャンはのん気でいい加減なキャラクターであり、悪い妖怪を退治してもらうためにせっかく呼び出しても、やる気がしないと断って帰ってしまったりするような気ままなやつです。

そんなジバニャンですが妖怪になってしまったのにはトラウマ的な体験が関わっていました。

「妖怪ウォッチ」第一話の初登場シーンで以下のような物語が語られます。ジバニャンが地縛霊になったのは生前の飼い猫だった時代に交差点でトラックに轢かれてしまったのがきっかけなのですが、それだけではなく、それまで大好きだった飼い主の女の子えみちゃんが、死んでいくジバニャンを見ながら

「はねられただけで死ぬなんてダサッ」

とつぶやいたのを聞いてしまったのです。そこでジバニャンは怪我をして死にかけている猫にそんな酷いことを言う飼い主を責めるのではなく、むしろ自分が車にぶつかって死んでしまうような猫だったから悪いのだと自分を責め、地縛霊になってその交差点で何度も何度もトラックにぶつかりに行って、それでもまた同じように跳ね飛ばされ続けるのです。

これはトラウマを受けた子どものプレイセラピーの中で、そのトラウマを再現するかのような暴力的な内容のプレイが再現されるのと同じ現象と捉えてもよいかもしれません。

そう考えると、そもそもジバニャンに限らず世の中の地縛霊がなぜ地縛するのかと言えば、トラウマを反復しているのだと言えるかもしれません。

そして、「妖怪ウォッチ」の第二五話では、再びジバニャンとえみちゃんの物語が登場します。この回では、主人公のケイタくんと喧嘩をしたジバニャンは家を飛び出したとき、悪い妖怪たちの魔術によって、交通事故の直前にタイムスリップさせられ、事故を再体験することになります。しかし、自分が命を失った交通事故を再体験する中で、ジバニャンにはえみちゃんが「はねられ

ただけで死ぬなんてダサッ」と言ったのは、ジバニャンの死をどうでもいいと思ったからではなく、それがあまりにもつらい体験であったために自分でも堪えられずに言ったのであり、そう言いながらもえみちゃんが涙を流していたのだということが分かります。そこで、自分は決して嫌われていたわけではないのだと感じるのです。

つまり、これが「過去が変わる」という体験となります。ジバニャンが交通事故にあったことも、えみちゃんが「はねられただけで死ぬなんてダサッ」と言ったことも変わりません。ただ、えみちゃんがどんな気持ちで言った言葉なのだろうか、ということについてのジバニャンの意味づけが広がり、ジバニャンの死にまつわる物語が語り直されたのです。

ジバニャンが悪い妖怪たちの魔術で交通事故を再体験する中で、過去のトラウマ的な体験の意味を捉え直していくことができたように、心理療法でも様々な方向から人生について語っていく中で、過去の意味づけが変わっていくといったことが起きることがあるのです。

ただ、このジバニャンの話もそうですし、しばしば映画やアニメなどでは、一回思い出しただけで、ガラッと変化が起きてしまいますが、実際の臨床はそんなにドラマチックなものではありません。一回振り返っただけではそんなに大きな変化が起こるものではなく、何度も何度も行ったり来たりしながら話をしていく中でふと気がついたら、前よりも自分の感情にとらわれずに出来ることが増えているぞ、前よりもあの頃のことを思い出しても混乱しなくなっているぞ、という感じになっているくらいのイメージのような気がします。

ということで、ジバニャンの話が長すぎました。病院の話に戻りましょう。

第四章　デイケアに出たり病棟にも行ったり

心理の業務は色々

　前の章では一対一の面接室での関わりの話をさせていただきましたが、病院の心理士の仕事は面接室での心理検査や心理療法だけではありません。デイケアなどで集団に関わることもありますし、緩和ケアやリエゾン・チームなどで病棟に訪問することもあります。この章では面接室で行う一対一の心理検査・心理療法以外の業務についてのお話をさせていただきます。

　まずはデイケアの話をしましょう。精神科デイケアと一口に言っても、色々な種類のものがあります。私は主に統合失調症の方を対象とした居場所型のデイケアとうつ病で休職中の方を対象とした復職支援デイケアの二つに関わったことがあります。私の病院ではそれ以外にも、児童思春期の患者さんのための思春期デイケアがあり、さらに、厳密にはデイケアではないかもしれませんが、統合失調症の方のためのパッケージ化された心理教育プログラムも行っています。

　同じデイケアという名前がついていても、居場所型デイケアと復職支援デイケアではまったく異なる雰囲気のプログラムで、関わるスタッフとしても、それぞれ別の面白さややりがい、そして難しさがあるものです。

居場所型デイケアの時間はゆっくり

統合失調症の方を対象とした居場所型デイケアは普段はとてもゆっくりとした時間が流れているように感じられます。スタッフ側がこんな表現を使ってしまってよいのか分かりませんが、心理士もその悠久の時間の中で癒されるような体験をしたりもします。私の場合はデイケア専属のスタッフというわけではなく、その他の日は心理検査を取ったり、心理療法を行ったりしていて、週に一日だけデイケアに参加していたので、その曜日はどこかホッとする一日のように感じていました。

時間がゆっくりだというのをどんなふうに説明したら伝わるでしょうか。たとえば、居場所型デイケアは、最初デイケアに参加をしたときには、どうしても他の人たちと一緒に食事をとることができずに、食事の時間になると帰宅をしていた人が、デイケアに参加して数年経って気がついてみたら、いつの間にかみんなと一緒に机に座って病院食を食べられるようになっていました、といったようなペースで進んでいくことも多いです。こちらが焦って急かしてもいいことはありません。患者さんのペースに合わせて少しずつデイケア内でできることを増やしていくことが大切です。これは後で説明する復職支援デイケアのペースの早さとはまるで違っているわけです。

そんなゆっくりとした時間の流れの中で、患者さんと一緒に卓球をしたり、お料理を作ったり、絵を描いたり、病院の外を散歩したりしながら毎日を送っていきます。

そう言えば、私はデイケアで患者さんたちと一緒にタイル画を作ったことがありました。それが精神科の廊下に飾ってあったんですけれども、あるとき私の病院でドラマの撮影があったときに、背景にそのタイル画が写っていたんです。「おぉ、きっとあの作品の出来がよかったから背景として選ばれたに違いない！」と嬉しくなって当時のデイケアのメンバーの面々を思い出したものでした。

こんなふうに話していると、居場所型デイケアの仕事はのん気なだけじゃないかと思われるかもしれません。ただ、それは普段はということで、参加されているメンバーの中で調子の悪い方、幻覚や妄想などの陽性症状が活発になってきた方がいらっしゃったときには空気は一変します。また、うつ病や不安症の方と比べて、具合の悪さがこちらの理解を越えていて、どこか底知れない恐ろしさを感じることもあります。

たとえば、プログラム中に、こちらからは特に何かストレスがかかるような話をしていたと思えないときに、急に立ち上がって号泣をしてしまったり、いつものように敷地内を散歩していて、前の週は行けたはずなのに、あそこは絶対行けません、怖いですと言ってしゃがみ込んでしまったり、ノートにこちらには意味が分からないことをたくさん書き続けていたり、何が起こったのか、こちらの理解を越えるようなことが起こります。もちろん、これは私の感受性の問題でもっと統合失調症の方に対する理解の深い心理士であれば、的確に予兆を察知されるのかもしれません。

さて、この分からなさについてです。統合失調症の方の症状の意味や妄想も、重い自閉症の方が繰り返しお話されることも、ぱっと私たちが理解したり追体験したりすることができるようなものではないことが多いです。そして、とりあえず、その場を落ち着かせることが第一ですし、その方の安全を確保しつつ、他のメンバーに動揺が広がらないように配慮し、プログラムが続行できそうであれば続行するということになるでしょう。

そうなってくると、症状の意味やら彼らが語ることの意味については、あまり深く探求されないということになります。それはそれで現実的に必要なことですし、あそこで急に具合が悪くなったのはどうしてだろう、あの道が通れなくなったのはどうしてだろう、と延々と考え続けたり、本人に聞き続けたりしても、どうにもならないことの方が多いです。

ただ、その一方で、統合失調症の人の言うことだから、自閉症の人の言うことだから、どうせ意味がないことだろうといったように、最初から相手にしないことになってしまったら、それは患者さんの体験自体を軽んじてしまうことのようにも思います。そのため、スタッフ側としては、基本的には現実的にその場の問題に対処することを優先させつつ、一方でそれらの体験についても重要なものとして関心を持ってあげることが大切だろうと私は思っています。

実際のところ、そうした患者さんの症状や語ることの意味を考えるのはとても興味深いことであったりします。これは私がスタッフとして関わったのではなくて、院生の頃にクリニックのデイケアに見学に行ったときのことですが、私がデイケアルームに入っていくと、ある患者さんが近づいてきて、私に対して、

「泣かないで」

と言うのです。私は意味が分からずに、

「ありがとうございます。それじゃ泣かないようにします」

などと答えたのだと思うのですが、その方は繰り返し繰り返し、私に対して、

「泣かないで」

と言ってくるんです。その後で施設の人に聞いてみてもどうしてその方が私に「泣かないで」と繰り返し言ったのかは分かりませんでした。

私は帰り道につらつらと、ひょっとしたら、彼は私自身も気がついていないような私のこころの中の悲しみを感じ取ったのかもしれないとか、泣いているのは私ではなくて彼自身の方であり、彼はそうした泣いているこころを誰かに慰めてほしかったのだろうかとか、あるいは幼少期にお母さんが彼にしばしば「泣かないで」と繰り返し言っていたのだろうかとか、それとも昨日の夜にたまたま見たドラマで登場人物が「泣かないで」というシーンがあったのだろうかとか、様々な可能性について思い浮かべていったのでした。

この話は別に答えが分かったというわけではありません。ただ、帰り道にあれこれと色々な可

能性を考えながら、おそらく働き始めて統合失調症の方と会うようになったら、日常の臨床の中でこういう謎に出会うということはしばしばあるのだろう、もしそうだとしたら、そうした日常の臨床の謎について、いつまでも好奇心を持って考えようとし続けられる臨床家になろうと思ったのでした。

近所のちょっと親切なお兄さん／お姉さん

さて、そうした居場所型のデイケアでは心理士の役割も個別の心理療法とは異なっています。そこでは心理士はリハビリテーションの場を安全に運営していく役割に加えて、社会的な経験が少ない患者さんたちにとって、働く社会人のロールモデルの一つとなってもいるのだろうと思います。

患者さんの中には親以外の人たちとの交流がほとんどない方もいらっしゃいますし、あるいは以前に少しだけアルバイトをして症状が悪化してひどい思いをしたために社会を恐ろしいところだと感じている方もいらっしゃいます。そんな中で心理士はそれなりにちゃんと責任を持って働いていて、だけど、厳し過ぎるわけではなく、患者さんひとりひとりのことを配慮してくれていて、ときどき抜けていたり、ふざけていたりするような、いわば昭和の時代の近所のちょっと親切なお兄さん／お姉さん的な役割を担っているわけです（ずっとそのつもりでしたが、気がついてみると私も近所のお兄さんというよりも近所のおじさんという年齢になってきました）。

少し前に治療の枠組みを意識することが重要ですということを何度かお話をさせていただきました。ここでも治療の枠組みによって心理士の関わり方が変わってくるわけです。

一般的に一対一の心理療法では心理士はあまり自分の話をしない方がよいと言われたり、患者さんが語ることに対して中立的でいる方がよいと言われたりすることが多いです。これをどこまで厳密に守るかというところはそれぞれの考え方があると思うのですが、特に働き始めたばかりの頃は大まかにはそれを守った方が大きな失敗をしづらいのは確かなのでしょう。ただ、それは一対一の心理療法の話であって、居場所型のデイケアでは心理士は昭和の近所のお兄さん／お姉さんなわけですね。だとしたら、あんまり自分のことを話さなかったり、話題に対して自分の意見を言わなかったりしていると、それは近所の変な人になってしまいますので、もちろん自分の話ばかりするのはよくないですが、個別の面接と比べたら、堅くならずに気軽に自分のことを話した方が自然でしょう。その治療の枠組みが違って目的が違うのでそういうことになるわけです。

もっとも、自分のことを話してもいいということと、逆に話さなければいけないということは違いますから、普段の自分の感覚の中で話せる話は話せばいいし、話したくない話は話さなくていいわけです。つまり、たとえばその心理士さんが若い女性で、患者さんが中年の男性で、どこに住んでいるのかとか、何歳なのかとか何度も聞かれたとして、本当は答えたくなかったけれども、答えないと患者さんを拒否しているみたいだし、デイケアのスタッフは個人面接とは違うので自分の話はした方がいいから、と考えて無理に話したりするといった必要はまったくありません。一対一の面接と比べて、自分の話をしてもかまわないといったことであって、自分の普段の生活の中で聞かれて嫌なことであれば、答える必要はないのです。

今の例で言えば、その患者さんが少し距離が近くて周囲を困らせてしまうことがある人だったとしたら、「〇〇さん、女性に気軽にそう言うことを聞いてはいけないですよ」と言ってあげてもいいかもしれませんね。

それと、ある程度気にせず自己開示をして話してよいと思うのですが、気をつけなければならないこともあります。これも私が院生の頃、また別のクリニックのデイケアに実習に行ったときに、当時の私と同年代のメンバーの方から、そのときに私が着ていた白い半袖の開襟シャツを褒められたことがあります。それはカルバンクラインのもので、それほど高価でもありませんが、確かに普通の開襟シャツよりは少しお洒落なものだったかもしれません。褒められた私は最初は能天気にちょっと喜んだりしていたのですが、その方は随分大袈裟に感心してとても褒めるんです。別に嫌味な感じではないのですが、それにしても褒め過ぎるのです。また、次の週に実習に行ったときにも私は同じシャツを着ていたのですが、そのときもやっぱり「カッコいいですねぇ、やっぱり違いますねぇ」としきりに褒めてくれたのでした。

実習先の先生にその方のことを聞いたりもしながらどうしてそんなに褒めてくれるのだろうと考えて私が思ったのは以下のようなことでした。私からしたら、カルバンクラインは安物ではないけれども、手が届かないほどの高級品というわけではなかったですし、さらに言えば、大学を出て大学院に通うことも、自分でそうしようと決めたならば、まったく楽だったというわけではないですけれども、実現不可能なことではありませんでした。しかし、居場所型デイケアに通われているメンバーさんの中には、精神疾患の発症によって、ごっそりと自分の人生の一時期を奪われてしまった方がいらっしゃるわけです。ひょっとしたら、彼らの眼には、大学院に入学して、資格を取るために実習に来て、おまけにカルバンクラインのシャツを着ているなんていうのは、とんでもなく恵まれた境遇にいる人だと映ることだってあるかもしれません。彼はただお洒落なシャツを褒めてくれたというわけではなく、同年代の男性が大学院に通って実習にきて、何やらブランド物のシャツを着ているということに、とても圧倒されていたのかもしれません。それで何度も何度も褒めざるをえなかったのかもしれません。

そのため、心理士は何気ないやり取りで自己開示をするときにも、メンバーさんの中には自分たちがごく普通のことだと感じていたような人生の一時期を発症によって奪われてしまった方がいるということを頭においておくのがよいでしょう。まぁ、簡単に言ってしまえば、自己開示をしてもよいけれども、あんまり不必要な自慢話はしない方がいいっていうことですね。

復職支援デイケアの時間は早い

それでは、今度は復職支援デイケアのお話もさせていただきましょう。復職支援デイケアといっても、どんなものかイメージできない方もいらっしゃるかもしれませんので、簡単に説明をしますと、主にうつ病で休職中の方を対象にして、復職に向けたリハビリテーションとして行うデイケアです。居場所型のデイケアのいつ入ってもいつ卒業してもかまわないし、期限もないような設定とは異なっていて、通常は二カ月とか三カ月とか期限が決まっていて、その都度新しいメンバーを募集するところが多いです。症状がだんだん改善してきて、もう少しで復職できそうな方が参加して、生活リズムを整えたり、自分の考え方の癖を知るようなワークをしたり、対人コミュニケーションの練習をしたり、休職理由を振り返って再発防止について考えたりといったことを行っていくところです。

デイケアのプログラムにも期限がありますが、休職期間にも期限がありますので、患者さんは早く戻らなければなりません。参加メンバーは数カ月で総入れ替えですし、居場所型デイケアのゆったりとした時の流れとはまったく異なる時間が流れています。

こちらはこちらで、癒される感じはないかもしれませんが、短期間の間にこの患者さんはどんなことで上手くいかなくなってしまって、どんなふうにしたら無事に復帰していけるだろうかをあれこれと考えながらプログラムを進行していくのは、なかなかやりがいのある仕事です。また、参加されていた患者さんから無事に職場で働いているという連絡をいただけると嬉しいものです。

居場所型デイケアでは昭和の近所のお兄さん／お姉さんのような役割と言いましたが、復職支援デイケアでは心理士はまたちょっと違うことを求められます。こちらのデイケアでは心理士は、患者さんの復職に役立つ情報や技法を提供する人であり、また、患者さんを後押しして行動を促進させるような、コーチ的な役割も求められているのでしょう。そのため、その方が気がついていないような内面への介入はあまりしませんが、一方で、こうしたらよいかもしれないといった具体的な改善策の提示は、個別の面接よりも早い段階でどんどんやっていっているように思います。

このように治療の枠組みによって心理士の関わり方は変わってくるわけですが、それぞれに難しさがあるなぁとつねづね感じています。たとえば、復職支援デイケアでは、私は患者さんから厳しいと思われてしまうことがあります。毎週、宿題を出してそれを発表してもらい、それに対してコメントをして、上手くいっていなかったら、どうして上手くいかなかったのかを考えてもらうといったことを行っていく中で、私としてはその方にできそうなこと以上を求めているつもりはなく、口調も穏やかに話しているつもりなのですが、上から理不尽なことを強いていると感じさせてしまうことが起きるのです。逆に個別の心理療法では何もしてくれないとか話を聞いてるだけだとか言われてしまうことが多いので、やっぱりそれぞれの関わり方にはそれぞれの関わり方の難しさがあるということなのだろうと思います。

また、私自身はこれまで書いてきたように、以前は営業をやっていて、その仕事は自分に合わないと感じて、心理の勉強をし直したという経緯があります。そのため、個人的にはあんまり合わない仕事なら早く辞めて転職してしまった方がいいんじゃないかと思っているところもあります。自分に合わないことを無理にやり続けることはないだろうと。ただ、復職支援を標榜しているデイケアではそんなに簡単に嫌なら辞めちゃえばというわけにはいきません。最初にお手伝いをしますよと言った治療の目標はあくまでも現在の職場への復帰なわけで、ここがぶれるとその患者さん本人にも他の参加者の方々にも混乱を招いてしまうかもしれません。復職支援デイケアという治療の枠組みの中でやっていくとしたら、あくまでも目標は職場への復帰なのでしょう。もしそこをはみ出るとしたら、今度は治療の枠組みそのものを検討し直すことが必要になってきます。このあたりも期間や目的が限定された復職支援デイケアの特徴的なところであると言えるでしょう。

緩和ケアは病室にこんにちは

次は緩和ケアのお話をさせていただきましょう。緩和ケアやリエゾン精神科は近年大きく発展してきている分野です。緩和ケアとは、ＷＨＯの定義を簡略化して説明すると、がんやＨＩＶなどの生命を脅かす疾患による問題に直面する患者さんやそのご家族に対して、その苦痛を予防したり和らげたりすることで、生活の質を改善することを目指すものです。昔は医療機関はただ病気そのものを治すことだけが仕事なのだというところがありましたが、近年になってそれだけではなく、病気を抱えた患者さんの身体的、そして精神的な苦しみをどう緩和してあげられるかといったことも重要なのではないかと考えられるようになってきたわけです。

がん拠点病院には緩和ケア・チームが設置されていて、その中には心理士も含まれています。

もちろん、精神的なケアだけが緩和ケアではなく、たとえば疼痛をいかに和らげるかといったことも重要な課題となります。そのため、緩和ケア・チームには精神科医の先生もいれば身体科の先生もいらっしゃいます。前に精神科の病棟カンファレンスで医師の先生方の話す内容が分からないと書きましたが、それでも慣れてくると何となくは分かってくるものですが、緩和ケア・チームのカンファレンスはがんに対しての身体的な治療の話が話題となると、もう精神科のカンファレンスの比ではなくさっぱり分かりません。最初に参加したときは、来ちゃいけないところに来ちゃった、といった気にさせられました。やっぱりお医者さんは色々と知っていてすごいなぁと素朴にぽかんと口を開けて感心をしてしまいます。

さて、身体的な治療に関してはなかなか俄《にわ》か仕込みの知識では歯が立たないところはありますが、心理士が求められる緩和ケアは精神面についてです。この分野が初めての心理士が緩和ケアに関わる場合には、まずはせん妄状態について学んでおく必要があるかもしれません。せん妄とは大きな身体的な負荷がかかったときに起こる意識の混乱した状態ですね。実は心理士の勉強の中で、せん妄について学ぶことは多くはなく、最初病棟に行って患者さんがせん妄っぽかったりすると、何が起きているのか分からずに戸惑ってしまったりします。医療以外の領域ではあまりみない症状だからかもしれません。

また、本書ではこれまで治療の枠組みを意識することと見立てをすることが重要だと繰り返してきましたが、治療の枠組みという点に関しては、緩和ケアの患者さんは体の状態が安定しないので、いつ面接をしようと約束していても、具合が悪くてできなかったりします。病棟であれば、眠っていることもありますし、お風呂の順番が回ってきてしまったなんてこともありますし、他の科の検査が急遽入ったなんてこともあります。そして、その病室が個室ならゆっくり話せますが、四人部屋や六人部屋で、精神科外来まで下りてきてもらうのは身体状態からして難しそうだったりするときにはどうしたらよいか。そうなってくると、なかなか治療の枠組みを設定することが難しくなってきます。

一方、見立てはというと、精神科のカルテなら生育歴についてそれなりの記載がありますが、身体科のカルテにはどこで生まれたとか、子どもの頃どんな性格だったかとか、どんな仕事をしているとか、ご両親はどんな人とか、そんなことは一切書いていません。それじゃ、最初に訪問したときに、そうしたことをいちいち聴取をした方がいいかと言えば、長時間は体力的に話せないこともありますし、むしろ、話せたとしてもどうしてそんなことを聞かれるのかと思われてしまう可能性も高く、精神科の患者さんと同じような調子で聞くのはあまりよい策ではありません。それでは、前に私が書いたような人生の繰り返しや穴を見つけて見立てるといったことができないので、見立ての方もできないじゃないかと。

そう考えてみると、緩和ケアやリエゾン・チームはなかなか応用編の臨床だと言えるかもしれません。

と言いつつも、そんな中でも実は枠組みと見立てが大切ということは、基本的には変わりません。枠組みを考えるということは、何もできるだけ厳密な心理療法の枠組みを設定しなさいということではなく、「体調のよいときに病棟を訪れて話を聞くという枠組みの中でなら、心理士はどのような面接をしたらよいか？」といったことを考えて工夫していくということも含まれるのです。見立てにしましても、確かに生育歴からその方の性格の傾向なり対人関係のパターンなりを考えていくといったことは難しいかもしれません。ただ、その患者さんが今どんな問題に困っていて、どのくらいの作業をすることが可能で、自分がそこでどのくらいのことができるのか、あるいは現在病院内でどんな人たちが関わっているのかといったことを手持ちの情報の中で考えながら、今の自分にできることを模索していくことは、とても重要なことです。

さて、私が緩和ケアに関わっていたときには、しっかりと時間を取って話を聞いた方の中の一定の割合は、これまで精神科にかかっていた方ががんを発症したというような場合でした。こうした方は自分自身のこころの問題について誰かに相談をするといったことに慣れているといってもよいかもしれません。精神科医や心理士の使い方を心得ているというか。ただ、これまでに精神科への受診や心理士への相談の経験のない方の中には、自分の不安や悩みを専門家に話すということに対して、申し訳ないと感じて恐縮される人が少なくないように思います。そんな方々は少し落ち込んでいる様子だからという情報を聞いて病棟に覗きに行ったとしても、とても丁寧に訪問に感謝をして下さるものの、こちらが調子を尋ねても、何とかやっておりますので大丈夫です、とお答えになるのです。そうした方はおそらくはとても我慢強く、そして、決して人様に迷惑をかけてはいけないと思われているのだと思います。そのため、こちら側としては何か役に立ちたいけれども、「本当はつらいんでしょ?」なんて失礼なことを言うわけにもいかないですし、そうして頼らずに生きていくということがその方の選択だとしたら、余計なお世話になってしまいますので、どう介入したらよいか難しいところです。

このあたりの難しさは被災地の避難所などに入った心理の方が語る難しさとつながるところがあるかもしれません。何か生死にかかわるような大きな問題があり、そのことで精神的に大きな負担がある状態だと思われるけれども、当事者の方々はあまり積極的には心理援助を求めてこない。そんな中で心理士はどのように関わっていったらよいかということが大きな問題になってきます。

私が緩和ケアのときによくやっていたのは、あんまり仰々しくこころの専門家ですという顔で入っていかずに、病棟内で色々な人とお話する役割なんですよねぇくらいに言いながら、ちょっと世間話をして、さっと帰るというのを何回かするという感じです。窓から見える景色とか、患者さんのテーブルの上にある本や雑誌のこととか、普段どんなお仕事をしていたのかということとか。そして、こちらの心づもりとしては、誰とも話さないよりも一人でも何か話した方がいいだろうという気持ちで関わるわけです。そんな中で少しずつ話してくれる方は話してくれますし、本当に世間話だけで終わってしまったら、それはそれでかまわないくらいの感じがいいかもしれません。

そして、緩和ケアにはそれ以外にも特別な難しさがあります。それは死の問題をどう扱うかということです。私たちは普段、おそらく死の問題を見ないように、考えないようにしようとして生きているところがあるのでしょう。そうしているからこそ、普通に不安なく生きていくことができているとも言えます。いつも自分がいつ死ぬか分からないと思っているとしたら、穏やかに日々を過ごすことは難しいことでしょう。誰しも自分が死にゆく存在であることを、半分は分かっているけれども、半分は忘れて生きていると言ってもいいかもしれません。ただ、緩和ケアの臨床では、その死の問題と直面せざるをえない場面に遭遇します。患者さんの死への不安を聞くこともあるでしょうし、患者さんの死と遭遇することもあるでしょう。そうした死の問題をまったくの他人事として捉えているとしたら、それはそれでしっかりと患者さんの話を聞いているると言えないでしょう。一方で死の問題を自分のこととして全面的に引き受けてしまったとしたら、自分自身が持たなくなってしまうかもしれません。では、どのように聞いたらよいかというのはとても難しい問題です。

私の経験では、死の問題を正面から語る患者さんはそれほど多いわけではありません。多くの方はおそらく死への不安を感じてはいながらも、自分自身が直視したくないということなのか、あるいはそうした話をしてしまっては相手に申し訳ないと感じているからなのか、正面からは語らなかったりします。こころの臨床では隠された内面の問題を表に出して取り扱うことも多いですが、殊に緩和ケアにおいては、こうした隠された死への不安を表に出せばよいというものではなく、患者さんのペースに合わせて、聞いていく必要があるでしょう。ただし、そうして近づいてくる死の問題を避けることによって、その患者さんの予後や残されることになるご家族の人生に大きなデメリットが生じるだろうと思われるときや、あるいは、患者さんがこちらに気を使って前向きなことを語っているけれども本当は死への不安について話したいのではないかと思われるとき、一概に取り上げない方がよいと言い切ることはできないかもしれません。しかし、私たちの中にも死への不安や、それを考えることを避けたい気持ちがあるがゆえに、こうしたことを話し合うのは簡単なことではありません。こうした死にまつわる問題はこの場では語りつくせないような大きすぎるテーマですが、私にはそこに援助に関する仕事すべてにかかわるとても本質的な問いがあるような気もしているのです。

こうした緩和ケアやリエゾン精神医学という分野そのものが近年発展してきたものであり、そこで心理士がどのように働いたらよいかといったこともまだ十分に確立されているわけではないところがあります。そのため、この分野はそれぞれの心理士が手探りで工夫しながらやっていっているという現状があると言っていいでしょう。そんな試行錯誤の中でも、私も色々な方のお話を伺ってきました。もちろん、この先の病気の不安について語る方もいましたが、一方で、若い頃の楽しい思い出の話、ちょっとだけ自慢っぽい話、あるいは逆に昔しでかしたことに対する懺悔話などを聞くこともありました。私が彼らの話に熱心に耳を傾けることが、彼らの人生の、おそらくは最後の一幕になるだろう時間の中で、何らかの意味があることを願いながら、話を聞いてきました。私は人が生涯の終わりに自分の人生を振り返って誰かに話すということには何がしかの意味があるのだろうということを信じたいと思っています。

お坊さんに言われたこと

そう言えば、直接に緩和ケアについてではないですが、それに関連して思い出したことがありました。これは私がまだ働き出して間もない頃のことでした。友人の結婚式が仏式で行われて、そこである僧侶の方とお話をする機会がありました。友人が私のことを「彼は心理士なんですよ」と紹介すると、その方はこんな話をされました。その方がまだ中学生くらいの頃、たしか交通事故か何かで九死に一生を得て、長い間、入院を余儀なくされました。そこでとても傷ついて落ち込んでいた彼に対してやってきた心理士が「死ななかっただけよかったじゃない」と言ったのでした。彼は心理士のその言葉にさらにショックを受けたのだと言います。自分はこんなつらい目に合っているのに、心理学っていうものは傷ついている人間に対してそんな言葉しかかけられないのかと。そして、近代的な心の科学には結局助けてもらえないと思い、彼は仏教に救いを求めていったのだと言います。

その話をされた心理士になったばかりの私の頭に真っ先に浮かんだのは、なぜその話を心理士だと紹介された自分よりもずっと若く経験のない私に、しかも友人の結婚式というおめでたい席でしてくるのだということでした。また、中学生の彼に対して「死ななかっただけよかったじゃない」といった心理士の介入が、臨床心理学の理論や実践を代表するものだったのかはかなり疑わしく、何かの理論から導き出されたものとは思えず、おそらくはその心理士の主観的な発言であり、そこから心理学そのものが苦しんでいる人の心を救うことができないというのは、過度の一般化ではないかとも思いました。しかし、その場で結婚式を執り行った僧侶の方を相手に宗教対心理学論争を挑むのも友人やその奥さんに申し訳なく、私はただそんなことがあったのですねと聞いているほかありませんでした。

そのときにはいきなり自分よりも年配の人に、お前のやっていることは結局意味がない、こっちのやっていることの方が本当に価値のあることなのだと上から言われたように思って反発を感じたのですが、今、おそらく当時のその方と同じくらいの年齢になってみて、その出来事についてもう少し違う考えを抱いています。

その方は大きなお寺にお勤めになっていて様々な人々の力になってあげているのだろうと思いますし、しっかりと修行を積まれていて、宗教家としてきっと立派な方なのでしょう。ただ、そんな彼であっても、思春期の頃に心理士から言われて傷ついた一言から逃れることができず、お祝いの席で自分よりずっと若い男性が心理学の専門家だと紹介されたら、思わず心理学がいかにかつての自分を傷つけたのかを言わずにはいられなかったのです。思春期の彼はそれだけ深く傷つき、そして強い怒りを感じ、それは何十年経っても拭い去ることができないほどに大きなものだったのです。

今でも緩和ケアやリエゾン精神医学の臨床は体系化された介入法があるというわけではありません。何十年か前なので、当時病院で臨床をしていた心理士の方はもっと何も理論的な裏付けがない中で働かれていたのでしょう。私の推測にすぎませんが、大きな事故によって何とか生き延びたけれども長期入院を余儀なくされて言葉もなくうなだれている思春期の少年に対して、その心理士の方はきっと本当になすすべもなかったのでしょう。そして、その無力さに耐えられずに、「死ななかっただけよかったじゃない」という、その少年の抱えているつらさを無理矢理にポジティブな方に向き変えようとするような、そして、その少年を無神経だと怒らせてしまうような一言を言ってしまったのではないでしょうか。

そこから言えることとしては、おそらく、その僧侶の方が感じられたように、つらい出来事を経験された方に対して、やはり心理学はある意味ではとても無力なのだと思います。そのつらい出来事から救い出してあげることは残念なことですができないのです。もちろん、その苦しみから何とか抜け出そうとされている方を援助する技法がまったくないわけではありません。でも、本当につらい状況にあって絶望の淵で苦しまれている方に対して、それを癒してあげられる一言を私たちは持っていないのです。きっと、その心理士の方はこのような無力さに耐えられなかったのでしょう。

この話をここで思い出したのは、緩和ケアがまさにそうした無力さにどうやって耐えるかということが問題になってくる臨床だからです。余命が長くないと診断されて死の恐怖におびえる方に対して、自分の死後に子どもたちがどうなってしまうのか不安な方に対して、抗がん剤治療の苦しさを訴える方に対して、私たちはしばしば圧倒されてなすすべもなくなってしまいます。おそらく私たちはその無力さを患者さんとともに抱え続けなければいけないのでしょう。そこに耐えられずに安易に励ますような一言を言ってしまったとしたら、その心理士の方が傷ついた少年を怒らせてしまったように、ひょっとしたら私たちは患者さんを深く傷つけてしまうかもしれないのです。

多職種連携は特別なことではなく

緩和ケアの仕事で言えば、精神科内で行う心理療法や心理検査と比べて、他の科の先生方や、あるいは緩和ケアの看護師さん、そして病棟の看護師さんなどと関わることが多くなります。また、緩和ケア・チームにはそのほか薬剤師さんや精神保健福祉士さんもいらっしゃいます。そのため、ここで多職種連携についてのお話をさせていただきましょう。

と、偉そうに書き始めましたが、おそらく客観的に評価をしてみて、私自身は多職種連携がそれほど得意な心理士でもないかもしれないという思いもあったりします。これは大事だと思っていないというわけではなく、むしろとても必要とされることだけれども自分は残念ながら苦手かもしれないという感じです。そして、私だけに限らず、心理士の中にはそうした連携が苦手な方っていうのが結構いるような気がします。ちょっと極端な暴言を言ってしまえば、「こころの臨床に関心のある人で、人との間のつながりを作るのが得意な人は、心理士じゃなくって精神保健福祉士になっているのではないか？」「心理士はコミュニケーション能力が低くて内に内に籠ってしまうタイプの人が集まっているのではないか？」という気さえします。いや、すいません、やっぱり暴言ですね。心理士全体じゃなくって、自分のことですね。

ただ、たとえば職場の後輩の中にはこうした多職種連携をとても上手くこなしていっている方がいたりするんです。横で見ていてとても感心してしまいます。そこで、このコーナーでは私がやっていることというよりも、そうした得意な方たちを見ながら私がこうできたらいいなぁとつねづね思っていることを中心にお話していくというかたちになりますがご容赦ください。

特に緩和ケアやリエゾンなどのチームで関わるときにはそう感じることが多いですが、心理士が一人でできることなんて、ごくわずかなんですよね。心理士が出向いていってちょっとばかり会って話を聞いたところで、どうにもならないことも多いんです。ただ、だから意味ないじゃんということではなく、だからチーム全体の中で自分が何ができるかを考えていく必要があるわけです。たとえば、とても不機嫌な患者さんがいて看護師さんが困っているという話になったとき、心理士が出ていってその患者さんと会って、さっと悩みを解決して、すごく穏やかないい患者さんになりました、なんてマジカルなことはまずできません。

ただ、もちろん、患者さんに会うことはできるけれども、困っている看護師さんの話を聞くこともできるんです。そうした患者さんと接することの大変さをねぎらってあげることもできますし、あの患者さんはこういう背景のある方でこういう性格の傾向があるので今こういう状態になっているのだろうというこちらの見立てを伝えてあげることもできます。人はただ不機嫌な人だとだけ思って接しているよりも、どういう状況でこの人がこういう状態なのかを理解することができた方が、その方に対して接しやすくなるものでしょう。先ほど、緩和ケアは治療の枠組みや見立てが難しいと言いましたが、ここでは治療の枠組みとして自分と患者さんだけのことではなく、緩和ケア・チーム、あるいは病棟全体の中で自分がどうあるべきかを考えていくことが必要ですし、見立てもその患者さんについてだけでなく、その患者さんと病棟や主治医との関係についてまで含めて見立てていくことが大切になってくると言えるでしょう。

そう、多職種連携の得意な後輩はその病棟の文化に合わせて自分の立ち位置を変えたりしているんですよね。この病棟はこういう雰囲気のところだから、自分はこういう関わり方がよいと。その話を聞いたときにはすごいなぁと驚いたものですが、やっぱり多職種連携をしていくうえでは、そこも含めて見立てて治療の枠組みを考えていくことが大切なのでしょう。

さて、この多職種連携なのですが、臨床心理学の世界では、ここ最近、本当によく言われるようになってきました。確かに働いていくうえでは大切なことだと思いますし、以前は心理学の大学や大学院の授業ではあんまり教えてこなかったことだとも言えると思います。

しかし、多職種連携と聞くと何かちょっとすごく難しい専門的な技術という気がしてしまいますが、よく考えてみると、これはどの仕事でもあることのような気がしてきます。

ちょっと前に私は以前は営業マンだったという話をしましたが、当時の私の会社は自社で注射器や点滴チューブの製造をしているメーカーでした。そのときに営業側と工場側のやり取りが難しいなんていうことがありました。営業側がお客さん（つまり病院）にいつまで仕入れてとか、ここを改造してと言われたけれども、工場側に伝えるとそれは無理と断られて、間に入って困ってしまったとか。あるいは支店の営業と本社との間での齟齬なんていうのもありました。本社からこの会議に間に合わすためにこの資料をいつまでにと言われたけれども、そんな急に言われたって無理みたいなことだったり。こうした場合、それぞれの職種が自分の仕事をちゃんとしていないというわけではないのでしょう。営業は営業で、工場は工場で、本社は本社で、それぞれの視点から見ているわけだから、別の専門の立場とは異なっている場合があるんです。

でも、会社全体としての利益を上げていくためには、そうしたそれぞれの部門の立場や理解のずれをすり合わせていかなきゃいけない。つまり、それが多職種連携なのでしょう。だから、大学で習わなかったと言えばそうかもしれないけれども、営業マンが工場の製造とどうやってやり取りするかっていうのも大学では習わないわけですし、多職種連携は大架裟なものではなく、同じ目的のために働く他の立場の人たちとどんなふうにコミュニケーションを取っていくかという、社会人としての基本的なスキルのお話なのでしょう。

あ、でも、そう書くと、最初に私はあまり得意ではないと言ってしまったので、私に社会人としての基本的なスキルが足りないということになってしまいますが……。

挨拶とお土産

私がまだ働き始めたばかりの頃、ある学会で多職種連携についてのシンポジウムが行われていて、総合病院に就職した私は、これは聴いておかなければと会場に足を向けました。詳しくは覚えていないのですが、そこでは様々な領域で働く先生方が、多職種連携の必要性について色々な理論で説明をしてくれていたのだと思います。ただ、具体的にどんな話だったかは、私があんまり記憶力がよくないということもあってほとんど覚えていないのですが、それでも一つだけ、とても印象に残っている言葉があります。それは私と同じような総合病院に勤めているシンポジストの先生が仰っていました。時間も終わりに近づいて、最後に一言という感じの流れになったときに、その先生が冗談めかして、

「まぁでも、色々言いましたけれど、結局、一番大事なのは挨拶とお土産なんですよね」

とお話しされたのです。それまで難しい連携の概念などが出てきていましたが、その先生の言葉で場内は笑いに包まれて、でも確かにその通りだという雰囲気になったように思います。

連携についての色々な難しい話はあるかもしれないけれども、結局のところ、朝会ったら「おはようございます」、帰るときには「お疲れさま」、廊下ですれ違ったらちゃんと会釈をして、何かしてもらったときには笑顔でお礼を言って、自分が旅行に行くために有給休暇を取ったとしたら、「お休みありがとうございました」と言って買ってきた美味しいお土産を差し出し、それもそれぞれの方が仕事の合間に食べられるような手頃な個包装のものを選んで、といったようなこ

とが、やっぱり、お互いに気持ちよく仕事をするためには重要だということなのだろうと思います。

これは他職種に限らず、心理士同士でもそうかもしれませんね。そのような日々の職場の日常での配慮が、専門性の違いやらなにやらの前にまず、真っ先に必要なことなのかもしれません。医療現場においては、指示を出す医師の先生方はもちろんですが、実は現場を支えているのは看護師さんと受付さんだったりしますので、看護師さんと受付さんには日頃していただいていることを感謝しながら（実際、病院の心理士は看護師さんと受付さんに随分お世話になります）、よい関係を築いていくことがとても大切です。

そう言えば、これは心理の仕事からは離れるかもしれませんが、私が学生時代のアルバイトや、一般企業での営業の経験、そして心理士になってからの学校や病院での勤務などでいろいろな職場を見てきて思うのは、本当に優秀できちんと志を持ってお仕事をされている方は、あるいは私が尊敬できると感じる方は、その仕事で関わるすべての人に対して丁寧だということです。お掃除の方も、警備の方も、宅配の方も、どの役割の人たちであっても、その職場やその仕事を支える欠かせない役割を担っているのです。だから、私もたとえ自分が忙しかったり、何かで追い詰められたりしていても、職場のどんな人に対しても丁寧に接したいと思っています。

精神鑑定ではハンニバルと会う？

最後に、正確にいうと病院の業務ではないのですが、またちょっと違う仕事についてのお話をしましょう。精神鑑定です。これは病院というよりも知り合いの精神科医の先生から依頼を受けて手伝うというかたちになることが多いですが、たまにやってくるちょっとドキドキする仕事です。

精神鑑定では担当となった医師の先生が何度か被疑者と接見し、そして心理士も心理検査を行います。精神鑑定と聞くと、ひょっとしたら、『羊たちの沈黙』のハンニバルみたいな恐ろしい「サイコパス」と渡り合わなければいけないといったイメージを持たれる方もいらっしゃるかもしれません。しかし、残念ながら、いや、幸いなことに、ハンニバル・レクター博士のような「サイコパス」に会ったことはありません。私が会ってきたのは、精神疾患の既往があったり、あるいは知的な制限が疑われたり、供述の中に了解しがたい内容が含まれていたりする方であり、膨大な精神医学や心理学の知識を背景としてこちらを騙してやろうとしてくるような人はおりませんでした。

そう言えば、たまに心理士以外の方に聞かれる質問に、心理検査で心理士を騙すことはできるのかというものがあります。こうした質問の背後には、そんなに簡単に自分の心の奥を見抜かれてたまるかといった気持ちがあるのかなと思ったりすることもあります。ただ、そうした質問に対して心理士としてまず思うのは、「そもそも騙して一体どうするの？」というものです。基本的には心理検査は何か問題を抱えて医療機関などに援助を求めてきた人に対して、どんな問題が起きているのかを調べるために行うものなので、心理士を騙してしっかりとした情報を得られなかったら、自分がちゃんと援助を受けられないという不利益をこうむるだけなわけです。そのため、基本的には心理検査は内面を必死で隠そうとする人と対決して、その心の中を曝け出させるようなものではなくって、自分の問題がどこから来ているか知りたいという人に対して、その手助けをするために行うものなので、騙せるのかどうかということは、普段はあまり問題になりません。

しかし、精神鑑定では状況が違ってくるわけです。では、「精神鑑定の心理検査で心理士を騙せるのか?」と聞かれたとすると、いくつもの検査を取りますし、それらの結果がすべて矛盾のない自分とはまったく別の性格の人間を作り出すというようなかたちで騙せるかと言われると、それは無理だろうと思います。一つの検査でいい加減に答えて騙すことはできたとしても、複数の検査を行いますし、心理士側はカルテを読むのと同じように警察の調書を読み込んできているので、それらがすべて違和感がないかたちで自分とはまったく違う人間として答えられるかと言えば、毎日のように心理検査を取っている私でも無理なように思います。

やっぱり、どこかで食い違いが出てしまうし、ちゃんとやっていないということがばれてしまうでしょう。そのあたりは心理検査をなめてもらったら困るという感じです。ただ、そうして内容がちぐはぐなのでしっかりと検査に取り組んだわけではないと分かったとして、検査をちゃんとやらないということ自体も大きな情報なので、何がしかの所見は書ける気がするのですが、普通に協力的に取り組んでいただいて出した心理検査の結果ほどの精度がある検査所見が書けるかと言われると、それもまた難しいかもしれません。このあたりは先述のように心理検査がもともと患者さんとの協力のもとで行うようにできているものだから限界があるということなのだと思います。

ただ、これまで私が精神鑑定で心理検査を行った限りでは、意図的にこちらを騙していい加減に答えてやろうとしてくる方はいらっしゃいませんでした。臨床場面で会う患者さんと比べて検査のモティベーションが低そうな方はいましたけれども、それでも何とか検査に取り組んでくれました

話を戻しますと、先述のように鑑定を行う場合には警察から送られてきた調書を読み込んでいきます。調書の量はまちまちなのですが、多いときには分厚いファイルが何冊も積みあがるほどになります。そして、ほとんど手書きなんです。カルテの話を書いたときに、電子カルテ化したおかげで「達筆」の先生の字を読まなくてよくなったと言いましたが、警察の調書の方は電子化がなかなか進んでいないようです。そう言えば、神戸少年連続殺人事件の酒鬼薔薇などの公判記録が五年経ったので廃棄されてしまったというニュースがありました。あのとき、きっと報道を見た多くの方が「え、電子化されてないの?」って思ったんじゃないかと思います。電子化されていたら、破棄も何もないですから。しかし、残念なことに警察の調書はいまだに手書きで書き

方も独特なんで読みづらいんです。でも、頑張って何とか読んでいきます。

死傷事件の場合には調書の中にそれなりに見るのがつらい写真も含まれていて、そういうのは「わー」とか言いながら、薄目で見て急いでページをめくります。別に心理検査を取る心理士が事件の真相を解明するわけではないので、そういうページを隅々まで読まなくても大丈夫です。心理検査を取る上で必要な、生育歴に関するところや、事件当日についての本人の主観的な語りなどを中心に読んでいきます。そして、鑑定の依頼をされた精神科医の先生とどんな可能性が考えられるかなどを話し合って、何の検査を取るか考えます。

病院で臨床目的で心理検査を取る場合には、あまり患者さんの負担にならないように、同じような検査は重複させず、できるだけ短い時間で行えるように心掛けますが、私は鑑定のときにはそのあたりは気にせずに、むしろ漏れがないように取りたいと思った検査は念のためみんな取るということをしています。そのため、それなりの長時間にもなります。

病院に連れてきていただいて検査を取ることもありますが、多くの場合にはこちらから拘置所に出向いていきます。これまで私生活では幸いなことに拘置所に入ることがなかったので、最初に行ったときには少し緊張してしまいました。『ターミネーター2』の冒頭でサラ・コナーが入っていたところのように何重にもロックされているんですね（もっとも『ターミネーター2』は刑務所でしたが）。

また、検査中は一対一ではなく、いつも刑務官の方が後ろで見ていらっしゃいます。長くかかるときには午前、午後と合わせて五、六時間の検査を行ったりしますが、その間ずっと後ろで見ていなければならない刑務官の方も大変だろうと思います。でも、そうしなければならないルールのようです。面会室を見回して観察してみると、被疑者の方が座る椅子にはロープが結び付けられていたりして、「これは接見中に憤った被疑者の方が椅子を投げつけたりしないようにそうなっているのだろうか？」とか考えるとなかなか刺激的な状況です。

そう、最初に拘置所に鑑定のために検査に行ったときには、どんな人が出てくるのだろうかと心配になったりもしたのですが、これは私の側の偏見であって罪を犯した方（正確に言うとまだ裁判で確定されているわけではないので罪を犯したかもしれない方と言った方がよいかもしれません）といっても、それ以外の方と何か大きな違いがあるわけではありません。多くの場合、ただ二人でやり取りをしている分には、ごく普通の方であり、違う場面で会って話したとしたら、違法行為をされたとは思わないかもしれません。なので、これから初めて精神鑑定の心理検査を取られる方がいらっしゃったら、あまり心配することはありません。取って食われるようなことはありません。刑務官の方もついていてくれますし、恐れることはないので、落ち着いていつものように検査を行えばよいでしょう。

さて、私は実際に心理検査を取った後、頭の中で浮かんできたいくつかの見立ての可能性を確認するために、文章完成法などをもとにして、いくつか不明な点などをうかがったりもします。そこで、それまで想像もしていなかった被疑者の方の人生の悲哀のようなものが浮かび上がってくることもあります。

これは一日心理検査を行って、最後にそうしてこれまでの人生についての話をうかがったときのことです。検査が終わり、被疑者の方は部屋に戻られ、私は刑務官の方に何重もの鍵のかかった扉の外まで送ってもらいました。その刑務官はそれなりに年配の方だったのですが、私と並んで出口まで歩いているときにぽそりと、

「何だか話を聞いていて、あいつが可哀想になってきちゃいましたよ」

と言ったのです。私は勝手に刑務官の方は毎日のようにこうした話を聞いているので慣れっこになってしまっているだろうと思っていたので驚きました。その日の被疑者は確かに小さい頃からずっと愛されなかった歴史のある方でした。

検査を取っていたときの私の頭の中は、可哀想というよりも、たとえば、この検査結果からは愛着の問題を考える必要があるだろう、そうであるなら最後に母子関係についてもう一度聞いておくべきかもしれない、といったように見立てるのにフル回転している状態だったので、むしろ私の方が冷たい目線で聞いていた感じで、そう言われてはっとしたように思いました。

その刑務官の方は続けて、

「でも先生、あいつもまだ若いから、きっとこれからやり直せますよね」

と言いました。私はただ「そうだと思いますよ」と答えました。

帰り道、私はあんな人情味のある刑務官の方がいらっしゃるんだなと思い、こんな表現はおか

しいかもしれないですが、何だか世の中捨てたもんじゃないなぁという気持ちになったのでした。

それで、ちょうどその拘置所の傍に刑務所の受刑者の方々が作った品物を売っているお店があったので、私も何か罪を犯してしまった方々の更生のためのお手伝いがしたいと思って、手打ちうどんを買って帰ったのでした。

第五章　心理士の休日

どのくらい研修をするべき？

さて、これまで病院に勤めている心理士がいったいどんなふうに働いているのかについて話してきました。この章では仕事をしていないときには何をしているのかについてもお話をさせていただきましょう。と言っても、ただ普通の私の個人的な生活は、その他の職業の方々とそう変わらないでしょうし、話してもいいけれども、誰も関心もないと思うので、やっぱり仕事に関係することからですね。つまり、研修についてです。

心理士は日頃どのくらい研修を受けているのかということについては、本当にもう人によって違うとしか言いようがありません。ビックリするほどたくさんの研修を受けていらっしゃる先生方も大勢いますし、逆にビックリするほど研修を受けていない先生方もいらっしゃったりします。そう聞くと、ほとんど研修を受けていない人は無責任じゃないかと思われる方もいるかもしれません。ただ、一方で、多くの心理士が研修を自費でアフター5（この表現は死語？）や休日に受けているという現状があります。そのため、それぞれの生活の状況がありますので、絶対にたくさん研修を受けなければいけないとも言い難いところがあります。そんなお金も時間もないよと。このあたりは本当に難しい問題ですね。

その一方で、もっと上の世代の偉い先生の若い頃の話を聞くと、とんでもないくらいに研修を受けていて、たくさんの論文も書いていて、そして驚くほどの数の患者さんも抱えていらっしゃったりして、うわ、無理だ、真似できない、全然参考にならないやと思って、自信をなくしたりもします。

しかし、現実問題としては、とんでもなくたくさん研修をするのと、全然研修を受けないの、そのどっちかを選ぶというよりも、それぞれの加減でやっていくしかないわけです。とんでもなく休みなく研修を受けるという極と臨床心理士の資格更新のギリギリのポイントしかとらないという極の間のどこかの自分にちょうどいいくらいを選んでいくわけです。

私の印象としては現在のところは職場の研修だけですべて何とかなる仕事ではないんじゃないかという気がしています。以前は、地方在住の方、あるいは子育て中の方はなかなか受けられる研修が少なくて、それで苦労をされているお話を伺いましたが、コロナ禍以後はオンラインでの研修がとても多くなったので、その意味ではかなり前と比べると意欲とちょっとの金銭的な負担があれば、研修が受けられる時代になってきました。

それぞれが時間的、金銭的、こころの余裕的にできる範囲で、自分に合った研修を探していけたらよいでしょう。

事例検討会に出よう

「まぁでも、研修って言っても色々あるだろうし、その中で何が大事なの？」と聞かれると、色んな研修が役立って勉強になりましたが、働き始めたばかりの方にとりあえずこういうのに出たらいいという感じで伝えたいのは事例検討会です。それも少人数で固定されたグループで、自分も発表して、毎回意見を求められるような事例検討会です。

事例検討会は実際に自分の困っている事例を出して、それを色々な先生にコメントしていただいて勉強になるというところがもちろんありますが、それだけではなく、自分と同じように心理職として働いていて、難しい患者さんを抱えて日々迷いながら臨床をしている方々と知り合うことができるという大きなメリットがあります。

私自身が特にそうでしたが、この仕事は周りの先輩方を見習いながら勉強をしていくというところがとても大きいんです。自分一人で考えているだけでは、勉強の仕方さえなかなか分かりません。事例検討会などで、毎回同じ先生方とご一緒して、色々な意見や情報を交換し合える場に参加して、その方々のお話を聞きながら、やっぱりスーパーヴィジョンは受けた方がいいのかなとか、こんな学会があるんだなとか、あの人今年学会発表するんだなとか、あの人は論文の査読結果が返ってきて落ち込んでいるぞとか、そうした色んな話を聞いて、自分がこれから研鑽をしていく上でやっていったらいいことをイメージすることができます。

私の経験だと自分よりも少しだけ上で実力があって熱心な先輩方がいる事例検討会や勉強会は何よりも貴重なものです。私はそうした先輩方の中に混ぜてもらってきたおかげで何とかやってこられたと感じています。

また、一人職場や心理士が少ない職場で働かれている方は、自分がどんな考え方を背景にして、どんなことができる専門職なのかということを見失ってしまいやすいため、なおさらに同業者のグループに参加をして、わいわいと真面目なこともどうでもいいこともお話ができたらよいでしょう。

ということで、どんな研修に出たらよいか迷ったら、まずは事例検討会を探してみようというところでしょうか。でも、そんなにちょうどよさそうなのが見つからないよという方もいらっしゃるかもしれません。その場合は、作ったらよいのです。実際、私が働き始めた頃にずっと参加していてとてもお世話になった勉強会は先輩方が卒業後に大学院時代に指導を受けていた先生にお願いして作ったものでした。なので、ちょうどよい事例検討会が見つからなければ、何人か仲間を集めて、そして、誰かよさそうな先生にお願いをして、自分たちで会を作ったらよいのです。

あとは、私が参加する事例検討会を探していて、当時のスーパーヴァイザーの先生にどんな事例検討会がいいとかってありますかねぇと聞いたところ、その先生が答えてくれたのは「自分の意見がちゃんと言えるところ」ということでした。確かにあまりにも偉大な先生が助言者としていらっしゃる事例検討会の中には全体の雰囲気がハハーッとなってしまって、その先生からご神託を頂戴するという感じで、それぞれが自分の考えを発展させられなくなってしまう場合があります。なので、自分の意見をちゃんと言えそうな事例検討会を探すとよいかもしれません。

もちろん、なかなか他の臨床家の先生方を前にして自分の意見を言うのは緊張するものです。それに、自分が何か言った後で、一瞬、その場がチーンと沈黙になったりすると「あぁ、またやっちまった、何か変なこと言っちゃった」みたいに焦った気持ちになるものです。

でも、それは仕方ないのですよね。だからってずっと黙ってたら、こちらの勉強にならないですから。何か言って、チーンってなってこそ、あ、何か自分ずれてるぞということが分かります。そう言えば、私は昔からとてもお世話になっている尊敬する、しかし、シニカルなことばっかり言ってくる先輩に「小林くんは最初の頃は来たボールを何でもあっちこっちに蹴りまくってたけど、だんだんゴールの枠内に入ることも増えてきたよねぇ」と言ってもらえたことがありました。多分、そういうものなのだろうと思います。最初からバシッと必ず決まるシュートなんて打てるものではなく、あっちこっちに蹴りまくりながら、とんでもない方にボールが行っちゃったりもしながら、ちょっとずつコツをつかんでいくものなのでしょう。私があっちこっちにボールを蹴ることを許していただけたこれまで参加してきた勉強会でご一緒させていただいた先生方にとても感謝をしております。

スーパーヴァイザーを探そう

さて、スーパーヴィジョンの話もしましょう。その前に本書をお読みの臨床心理学が専門ではない方は、スーパーヴィジョンって何だろうと疑問に思われたかもしれませんので、少しだけ説明をさせていただきます。心理業界では、自らの技能の向上を目指す心理士（スーパーヴァイジー）が、自分より経験のある心理士や精神科医の先生（スーパーヴァイザー）のもとに通い、自分の事例を報告しそれに対して意見をいただくことをスーパーヴィジョンと呼んでいます。通常は毎週なり隔週なり特定の頻度で継続的に行われます。また、一対一の個人スーパーヴィジョンもあれば、複数のスーパーヴァイジーが指導を受ける集団スーパーヴィジョンもあります。

こうしたスーパーヴィジョンの経験についても、その心理士さんによってかなり違っているという印象があります。受けている人はもう本当にビックリするほどたくさん受けています。でも、まったく受けたことがない方もいらっしゃったりします。

それじゃまったく受けていない心理士は全然心理士としての能力がないかと言われたら、それはちょっと私にはよく分かりません。スーパーヴィジョンを受けなくても、しっかりとした力のある心理士はいるかもしれません。たくさん受けていても微妙な心理士もいるかもしれません。

それはそうなのですが、私自身はスーパーヴィジョンで色々なことを学びましたので、受けないよりも受けた方がいいかなぁと思っています。

スーパーヴィジョンでは実際に面接の進め方の細かな部分を学ぶことができます。事例検討会などでは一回の面接をかなり省略した形で紹介してしまいますが、スーパーヴィジョンではその日の面接が始まってから、話が展開していき、やがて終わりの時間を迎えるといった一連の流れを細かく見てもらうことができます。ちょっとした言葉遣いや言い回し、不測の事態に対する対応などについても教えてもらうことができます。細かく報告すればするほど、自分自身では気がつかない癖のようなものも出てきやすいので、そうしたことも指摘をしてもらえます。

それに加えて、正直なところやっぱり働き始めたばかりのときには一人で誰かの人生、それもつらい経験をされてきた誰かの人生を背負って聞くというのは、とても不安で恐ろしいものです。それを毎週変らない様子で聞いてくれるベテランの先生の存在は技法的な面だけでなく気持ちの面でも支えとなってくれます。

それじゃ、どんなふうにスーパーヴァイザーを選んだらよいでしょうか。私自身はこれまで三人のスーパーヴァイザーに指導をしていただきましたが、どの先生との経験も私にとってとても貴重なもので、現在の臨床の支えになっていると感じています。ちょっとおこがましい言い方をしてしまえば、ハズレはなかったということでしょうか。

もちろんスーパーヴァイザーの選び方は人それぞれで色々な場合があるでしょうし、結局のところは受けてみないと分からないものだとも思いますが、とりあえずは私の経験からのおすすめをお話させていただきましょう。

私が受けた三名のスーパーヴァイザーはいずれもどんな方か知っている先生でした。知り方はそれぞれで、こちらが一方的に学会などで話を聞いたことがあったり、著書を読んだことがあったりしただけの場合もあれば、実際にやり取りをしたことがあるという場合、事例検討会で助言をしていただいた経験があった場合もありました。でも、まったくどんな人か知らないとか、まったくその先生の臨床についての考え方を知らないという方はいませんでした。そのため、私のおすすめは学会やセミナーで話しているのをみて関心を持ったり、あるいは著書や論文などを読んでよさそうだと思ったりした先生にお願いをするというものです。

さらに言うと、学派とか理論とかだけではなくて、人となりも重要なのだろうと思います。この理論を学びたいなと思い、日本で積極的に紹介しているのはこの先生だから、この先生に習おうかと思ったけれども、学会などで話しているのを見ると、どうも自分とは合わなそうだなぁと感じたとしたら、私なら無理はしないかもしれません。理論だけではなく、この人がいい、この人のような臨床家になりたいと思える先生を探します。

ただ、こういう話をするのは私自身が心理療法について、色々な理論があったり、技法があったりするし、それはとても大切なもので頑張って勉強もしているけれども、実はそれと同じくらい、いや、それ以上に重要なのは、人と人とのやりとりだということだろうと考えていることが影響しているのかもしれません。結局、どんな理論かも大事ですが、どういう人に習うかということがもっと大事なので、自分に合わなそうな人を無理に選ぶことはない気がするのです。

それともう一つお伝えしたいのは一人だけではなくて何人かに受けるのがよいということです。

もちろん、中には同じ先生だけに十年以上にわたって指導をしてもらっている方もいますし、そうした長期間にわたる関わりには得がたい深みがあるのだろうと思います。

ただ、私のおすすめとしては何人かの先生に受けることです。それぞれの先生方は、ご自身に合った方法を見つけていらっしゃるのだと思います。しかし、最終的に必要なのは、誰か自分ではない先生のやり方を身につけるというよりも、より自分らしいやり方を見つけていくということになります。そのため、何人かの先生に指導を受けた方が、それぞれの先生に違ったやり方があり、どれが正解というわけではなく、その中で自分にとって、あるいは自分と自分が会っている患者さんとの関係にとって、何がよりよいのかを模索していくことが大切なのだということを実感しやすくなるのではないかと思うからです。

そう言えば、以前、私はある集団スーパーヴィジョンでスーパーヴァイザーの先生に、よけいなことを喋りすぎる、君はその患者さんがその場で治療者のことをどう体験しているかということ以外に話す必要はないんだ、と言われたことがあります。これは患者と治療者の関係についてとり上げていくことが何にも増して重要だという考え方に基づいています。その場で今まさに起こっていることが一番ホットであり、それを取り上げていくことこそ、心を大きく揺さぶって変化を生じさせていく可能性のある介入だということです。

そう言われたときにはなかなかインパクトがあってガーンという感じだったのですが、その少し後で今度は個人スーパーヴィジョンで、別の事例に対してですが、こういうときはもっと世間話とかをしたらいいんじゃないのかなと言われたんです。さらにガーン、真逆のことを言われているじゃん、と。ただ、実際のところ何人かの先生に指導を受けていると、こういう真逆のことを言われることっていうのはよくあるのです。

今の話には続きがあります。スーパーヴァイザーの先生にそう言われた後、自分自身を振返ってみて、ふと気がついたんです。真逆のことを言われたわりには、言われた後の私自身のこころに残った感覚が何だか似ていたんです。治療関係のこと以外は言うべきではないと言われたときと、もっと世間話をした方がいいと言われたとき、まったく反対のことを言われたようでいて、帰り道の私のこころに残った感覚がとても似ていたんです。これはどうしてだろうかと考えていて、思い当たりました。ひょっとしたら、どちらの先生ももっとちゃんと患者さんと向き合いなさいということを私に伝えていたのではないかと。片方の先生は直接に治療関係について介入をするというかたちで患者さんと関わりなさいと言い、もう片方の先生は世間話をするというかたちで関わりなさいと言っていた。そう考えると、結局はそこに辿り着くやり方は色々かもしれないけれども、私が試みるべきは、しっかりとその場に存在して、目の前の患者さんとどうやって向き合っていくかということだったのでしょう。そして、そのためにもっとも私に合ったやり方はどういうものかということを模索していく必要があるのだろうと思いました。

私たち治療者は面接をしていると、しばしば、その場にいても、その場にいない状態、患者さんの話を聞いていても、ちゃんとは関わっていない状態になってしまうように思います。ひょっとしたら、自分にとっても患者さんにとってもその方が楽だったりするかもしれませんし、表面的にやり取りをして時間を過ごした方がお互いに傷つかないかもしれません。でも、それでは相手の人生に影響を与えることが難しくなってしまいます。だから、どうやって、その場にいてもいないような状態になってしまわずに、しっかりと面接室で人として存在して患者さんと向き合うことができるかということが、今でも上手くできているかどうか分からないですが、私が心理療法の中で最も大切だと思っていることのひとつなのです。そして、それは一人のスーパーヴァイザーからではなく、集団スーパーヴィジョンと個人スーパーヴィジョンの両方の経験から私が実感したことだったのでした。

このように何人かの先生方から言われた別のことが自分の中でつながって気づきとなるといったことも起こります。その意味でも何名かのスーパーヴァイザーに指導をしていただくのがよいのではないかと思ったりするわけです。

それともう一つ、スーパーヴィジョンについて言おうと思っていたことがありました。これは少し年を取って自分がお願いされることも出てきて、はじめて気がついたことです。誰かからスーパーヴィジョンを頼まれるということは悪い気持ちのするものではないんです。だって、その人の臨床が全然ダメダメだと思ったら頼まないですし、人間としてどうかなと思っている人にも頼まないわけですから。

何が言いたいかと言うと、この先生にスーパーヴィジョンを受けたいという人が見つかったとしたら、お願いすることをためらうことはありません。その先生がとんでもなく忙しかったり、日程や場所などの何らかの事情があって断られることはあるかもしれません。でも、もし断られたとしても、お願いをした先生からあなたが悪い印象を持たれる可能性はほとんどないのです。自分のことを評価してくれる後進のことを嫌がる人はめったにいないですから（よっぽど変わった強引な頼み方をしないかぎり）。だから、自分なんかがこの先生に頼んでいいんだろうかとか、いきなりスーパーヴィジョンをお願いしますと言ったら戸惑われるだろうかとか、そうした心配をすることはありません。この人に習いたいといういい先生が見つかったら、勇気を出してお願いをしてみてください。

また、中には週一回以上の心理療法のケースがほとんどないからスーパーヴィジョンが受けられないと思われている方もいらっしゃいます。しかし、隔週や月一のケースでも、さらには構造化された個別の面接ではなくても、スーパーヴィジョンをしてくれる先生はいらっしゃいますので、この点についても最初から無理だと思わずにその先生がそうしたケースでも受けてくれるかどうかを確認をしてみることが大切です。

学会はお祭りだ

事例検討会やスーパーヴァイザーを探すって言ったって、そもそもどんな先生のところにお願いしたらいいか分からないという方は、まずは学会に行ってみるとよいでしょう。学会は本当に面白いんです。たまに、特にコロナの時期に大学院を過ごされた方などで、学会に行ったことがないなんて話を聞いたりすることもありますが、心理士になったのに、学会に行かないなんてもったいない。

学会に行けば、本で読んだことがあるだけの、あんな有名な先生やら、こんな変わった先生を、生で見ることができるんです。やっぱり、本で読むのと生で見るのは違います。大きな学会になるといくつもの部屋で発表が行われるので、予定表を片手にどこの部屋に行こうかと一日の計画を立てることになります。それはまるでフジロックやサマーソニックなどのロック・フェスのタイムテーブルのようなんです。時には聞きたい演題が重なってしまって、どちらに行こうか迷ったりもしてしまいます。

おまけに学会には書籍コーナーが設けられていることも多く、心理学や精神医学関係の書籍の新刊を実際に手に取ってパラパラと眺めることができます。学会価格で割引きになってたりもするんです。

その他、学会では予想外な久しぶりの知り合いに出会えたり、夜は現地の美味しいものを食べて楽しんだりすることもできます。北海道の学会のときに食べたアイヌ料理、広島の学会のときに食べた生ガキとお好み焼き、福岡の学会のときに食べた水炊きと長浜ラーメン、どれも楽しい美味しい思い出です。あぁ、今度沖縄で学会ないかなぁ。

それじゃ、どんな学会に行ったらよいかなのですが、これはもうできるだけ色んな学会に行ってみたらよいと思います。いきなりよく知らない事例検討会に入り込むのはちょっとハードルが高いかもしれませんが、学会ならどこであれ大きな顔で参加をしてみてください。どんな学会に行ったらよいかなんてものはありません。どこでもちょっとでも関心を持ったら大会に出てみたらよいのです。面白かったら次の年も行けばよいですし、面白くなかったらもう行かなかったらよいのです。

特に心理士になったばかりの頃は多くの学会に行って、色々な理論と出会い、その中から自分に合ったものを見つけていかれたらよいと思います。色々な先生方のワクワクするような聞いたことがない新しい話を聞いて頭をパンパンにして、そして、夜は食べたことがないような美味しいものを食べましょう。そうです、学会はお祭り、サイコ・フェスなのです。

同じ阿保なら踊らにゃ損々

さて、それじゃ学会にいくつか参加してみたとしたら、今度は発表をしてみてもよいかもしれません。振り返ってみると、この仕事をしていて色々な心理士さんや精神科医の先生方とお会いしましたけれども、臨床的な能力に優れていて、とても勉強熱心であるにもかかわらず、学会発表をほとんどしてらっしゃらない方もいらっしゃったりします。もう、本当に私なんかよりもずっとしっかりと臨床をされていて、事例検討などでは的確な意見をおっしゃられているけれども、そして、学会会場でもお見掛けするのだけれども、自分は発表しない、というような。もちろん、人それぞれであり、学会発表をすることがすべてではないというのは確かで、向き不向き、人前で話すのは苦手、など色々とあるとは思いますので、「全員何が何でも学会発表をしろ！」とは思わないのですが、何だかもったいない気がしてしまいます。踊る阿呆に見る阿呆、同じ阿保なら踊らにゃ損々という言葉がありますが、せっかく心理士になり、学会というお祭りにも行くようになったとしたら、見る阿呆をしているだけではなくって、たまには踊ってみるのもよいんじゃないでしょうか。

発表をしていない方に「発表しないの？」と聞くと、わりと帰ってくるのが「まだまだ」という答えや「自分なんかが」という答えのように思います。このあたりはもう本当に日本人的な謙虚さなのかもしれませんし、臨床をやっている方は総じてそうした謙虚な方が多いですよね。はたから見たらすごくしっかりと臨床をされているように見える方でも、「まだまだ」「自分なんかが」と仰られますから。ただ、それじゃ、もう完璧に色々なことが分かって、事例についても隅々まで理解して、明確に自分の主張をもって、堂々と発表できる日がいつの日か来るのか、と考えてみると、結局そんなことはないのではないかと思います。大学院生の頃に初めて行った学会では、発表している先生方は、もうものすごいすべて分かっている人たちという気がしていましたが、だんだん知り合いたちが学会発表を始めて、自分でも発表したりしてみると、やっぱり、それぞれ未だに悩みながら、何だか分かんないなぁと日々の臨床を送っている中で、それでも何とか言えることをまとめて発表しているということが分かってきます。だから、「まだまだ」と言っても、「よし、これでもう自分は色々と分かったから学会発表ＯＫ！」みたいな状態がいつか来るというわけではないのです。ということは、「まだまだ」というのは、発表しない理由にはならないわけです。

それじゃ、「そもそも学会発表をして、何の得があるわけ？」ということですね。実際、私たちは日々の仕事で忙しいのです。普通に週５日で勤務をして、その合間の時間を縫って抄録を完成させたり、演題が通ったら発表原稿を作ったりしなきゃいけないわけで、しかも、そうした作業は無給！ということで、なんでわざわざそんなことしなきゃいけないのかと。

ごくごく単純なところから行きましょう。まずは、これはやってみると痛感しますが、原稿にまとめるだけでとても勉強になります。日々こなしていく事例は、もちろんそのときそのとき振り返りますが、忙しい毎日の中で、最初から改めて何が起きているのかと考える機会はあまりなくなってしまったりします。そんな中を原稿にまとめるという作業はそれだけで私たちの臨床のためにとても役立つものです。もちろん事例検討会でも同じことが言えますが、学会発表の場合には、そこからもう一つ踏み込んで、自分の考えを言わなければならず、そうしたときに、自分が何を大事にして臨床を行っていくべきだと考えているのだろうかという問題に向き合わざるを得なくなり、それだけで、とても重要な経験です。そして、もちろん当日に発表をして、他者のリアクションがもらえるわけですね。とても貴重な意見をいただけたり、励ましてもらえたり、共感してもらえたりすることがあり、そんなときは、あぁ、発表してよかったぁと思ったりします。もちろん、厳しい意見や批判的な意見を頂戴することもありますが、その場合も自分自身の考えがどんなふうに伝わらないのかということや、自分とはまったく違う考え方もあるということを知ることができます。これは発表をしてみないと分からないことです。

そして、発表後のことで言えば、学会発表を続けることで、人脈がつながっていきます。思わぬところで「〇〇について発表されていましたよね」と声をかけてもらえたりするのです。それがきっかけで勉強会に呼んでもらえたりなどもありますし、自分と関心を共有する人たちと話せることはとても心強い経験になります。

そして、もっともっとマクロな視点の話をしてみましょう。私たちが今こうして臨床をすることができているのは、先人の積み重ねのおかげなのだと思うんです。何にもないところから誰かの心を扱うために自分自身で様々な工夫をしていくことなんて、とてもできることじゃありません。多くの先人たちが様々な困難を経て行ってきたことの手助けによって、日々の臨床をしているわけです。つまりはそうした先人たちの苦労のお世話になっているのです。だとしたら、私たちはそうした恩を返す必要があるのだと、私は思うんですね。学んだ分は返さなきゃいけない。この場合、お世話になった人たちに直接返すということではないんです。後進の方々に私たちが学んだ分を、そして、もしできることなら、そこにほんの少しだけ私たち自身の苦労による工夫ものせて、返してあげるんです。そんなことは、偉い先生たちだけがすればいいことじゃないかと思われる方もいるかもしれません。もちろん、偉い先生、とても優秀な先生たちによって、多くの英知が伝えらえる、ということはあるでしょう。ただ、それだけでは業界はなりたたないんです。一部の偉い先生の力だけでは、大きな社会的な力にはならないんです。それには業界全体が盛り上がっていく必要があります。そのため、私たち一人一人が学会で発表をすることが、こころの臨床全体への貢献となるんです。たかだか自分が発表するだけで、何がどうなるもんでもないでしょと思われるかもしれませんが、もし誰もがそう思うようになってしまったら、その業界はどんどん先細りをしていってしまい、一部のカリスマ頼りになってしまいます。私たち一人一人の一回一回の発表が、こころの臨床にかんする業界全体が力をつけていくための貢献となるのではないかなと、私はたまに柄にもなく真面目なことを思ったりもするのです。つまり、学会発表は先達へのお礼であり、恩返しであるという面があるのです。

好きなことをどんどんしよう

さて、心理士の休日ということで、事例検討会、スーパーヴィジョン、そして学会の話をしました。ひょっとしたら、「結局は休みの日もずっと勉強してろってこと？　遊んだらいけないの？」なんて思われてしまったかもしれません。

そこで本章の最後に言っておきたいのは、仕事の話ではなくって、休みの日はどんどん楽しいことをしようというものです。休みの日までずっと真面目な顔をして人生について考えている必要はありません。好きなところに行って、好きなことをして、好きな人に会って、楽しい時間を過ごしましょう。

　ひょっとしたら違う考えの先生もいらっしゃるかもしれませんが、私はこの仕事を問題なくこなしていくためには、その心理士自身も、自分の人生にそれなりに満足をしていることが大切なのだろうと思っています。つまり、私生活がボロボロで、何の喜びもなく、他に自分の人生に何の価値も感じないけれども、ただひたすらに患者さんのため臨床のためにに命を懸ける、というのはあんまり望ましくないのではないかと思うのです。

　もちろん、それなりに満足というくらいのことで、いわゆる「リア充」じゃなきゃいい臨床家になれないなんて思いませんし、ある瞬間にはその場の臨床に自分の人生を賭けているかのように感じることもあるかもしれません。でも、全体としては、それなりに自分の生活に楽しいことがあり、まぁ、人生そんなにめちゃくちゃ悪いものではないなとか、何とか頑張ってきたよなとか思えるのがよいのではないかと思います。別の表現をするなら、世の中を恨み過ぎていないと言ってもいいかもしれません。

　どうしてそう考えるのかと言えば、自分の私生活にまったく喜びを感じられずに、患者さんとの関係だけが自分の生きがいとなってしまったら、逆に心理士側が患者さんとの関係に依存してしまうということが起きてしまうかもしれないからです。そうなると、患者さんのためのようでいて、結局、自分のために臨床をしているという面が大きくなってしまいます。また、自分自身が追い詰められて逃げ場がないときには、頭も柔軟に働きません。次の章でお話しいたしますが、臨床では物事を様々な角度から見られることが大切になります。でも、自分に余裕がなければないほど、頭が固くなって違った考えが思い浮かばなくなるものです。

そのため、私としては人生のすべてが臨床一筋というよりも、好きな趣味に邁進してもいいし、旅行に行ってもいいし、ご家族や恋人と過ごしてもいいし、仕事以外の充実した時間を持つことも大切だと思うのです。そうして休日に自分の好きなことをして、休み明けに臨床に戻って、ふとこれまで気がつかなかったことに気がついたりするということもあるものです。

もちろん、そうした私生活の充実した時間は人それぞれだろうと思うので、ここで私がこれがいいよねと言うようなものではありません。私自身は山ほど映画やドラマを観てますし、もともと文学部なので小説も読みますし、ロック・フェスが大好きですし、旅行にも行きますし、こうして文章を書いたりすることもけっこう楽しかったりするのです。

そうそう、そのことと関連して、心理職以外の友達を大切にしようとも思っています。どうしても、働き始めて何年もしてくると、周りで話す人はみんな臨床家という状況になりがちなものです。心理士同士で結婚された方はなおさらにそうなってしまうかもしれません。そうなると心理士の中の常識をいつの間にか世界の常識のように感じてしまうということが起きてきます。全然違う仕事をしている友達と話すことは、そうした自分の中でいつの間にか出来上がってしまっているバイアスに気がつくのを助けてくれます。そっか、自分は心理士だからそう考えてしまっているけれども、世の中のみんながみんなそう思うわけではないぞと。そうした経験は翻って患者さんの話を聞くうえでも役に立つものなのです。

　ということで、もちろん事例検討会もスーパーヴィジョンも大切ですが、それでもそれだけではなく、「休日はそれぞれ好きなことをして遊ぼう！」ということでした。あれ、お仕事入門というタイトルのついた本なのに遊ぼうとかって言っちゃってますが、まぁでも、それはそれで私の本らしいだろうとも思ったりするのでした。

第六章　自分は心理士に向いてないんじゃ……

楽な仕事なわけではない

さて、話がずいぶん病院から離れてしまいました。そろそろ戻りましょう。よくまったく関係のない仕事をしている方から、私が心理士だと言うと「毎日誰かの愚痴を聞き続けるなんて大変じゃないですか？　自分だったら耐えられないかも」といったようなことを言われることがあります。でも、実は人の愚痴ばかりを聴いているから大変というふうに思ったことはありません。

では楽な仕事なのかと言えば、そうとも言えません。この本でも前の章で心理士は無力感を抱きやすい仕事ではないかと書きましたが、何年働いても自分の無力さを感じることが多いように思います。患者さんから不満や怒りをぶつけられることもありますし、こんなカウンセリングは何の役にも立たないといったようなことを間接的に言われることもあります。あるいは、こちらがとても答えられないようなことを聞かれることもありますし、それに答えないと、何もしてくれないと言われてしまうこともあります。担当している患者さんの調子がどんどん悪くなっていくと心配にもなりますし、自分の介入が悪かったのではないかとも思います。「死にたい」と言われたら脅威を感じますし、患者さんの怒りに圧倒されることもあります。日常の仕事の中に頻繁に誰かから「死にたい」と言われることが含まれているような職業はそれほど多くはないんじゃないでしょうか。

　また、心理士になるような人はたいていそれまでの人生の中で、強い方と弱い方だったら弱い方、勝者と敗者なら敗者、支配する方と支配される方だったら支配される方に感情移入をすることが多かったんだろうと思います。いや、そう書くと色々な心理士がいるのでそうじゃない人もいるかもしれないので、私のような心理士はと言い直しましょうか。しかし、この仕事を始めると、あるとき自分が強い方、支配する方として患者さんから見られていることに気がつくことがあります。弱い側だったはずの自分が強い側、体制側として扱われるのです。これもまたなかなかアイデンティティを揺さぶられる体験です。実情を知っている側からすれば心理士なんてそんな大したものではないと分かりますけれども、そうではない患者さんからして見たら、何やらすごい資格を持っていて、大きな組織（病院）に属していて、白衣なんか着ちゃって、もっともらしい顔をしているから、それだけでもう人生の勝者に見える場合もあるのでしょう（本当は全然そうではないけど）。そして、そんな患者さんから「先生のような立場の人には私の気持ちは絶対に分からない」と言われると、自分はいつの間に何者になってしまったのか、何のためにこの仕事をしているのかと分からなくなったりもします。

こうした患者さんとのやり取りの中での心の揺れ動きは教科書的に言えば患者さんや患者さんとの関係を理解するための情報であると言えるかもしれませんが、そのこと自体は確かにそうなのですが、だからと言って、決してつらくはないというわけではないのです。

自分には向いてないんじゃ……

なかなか上手くいかない状況が続くと、正直、自分は心理には向いてないんじゃないかという気がしてくるものです。何人もそう言っている人の話を聞いたことがありますし、実際に辞めてしまった知り合いもいます。私自身も人のこころの問題や人生の問題にずっと関心を持ち続けているという意味では向いている気がしますが、治療者として患者さんと関わって、何かしらよい方向に進んでいくための適切な援助ができるかどうかという意味で言えば、自分は向いていないのではないかと思うことが今でもあります。もともとひとりでいるのが大好き過ぎるひきこもり気味の人間ですし、人と関わる仕事全般向いてないんじゃないかと思ったりすることもあります。

向いてないんじゃないかなぁと思うと、目の前の患者さんに対して、この方は担当が自分じゃなければ、もっとよい結果が得られたかもしれないという気がしたり、中断した患者さんに対しても自分じゃなければ今でも治療が続いていたかもしれないという気がしたりして、申し訳ない気持ちになってきます。

たまにこの業界で「センス」という言葉を聞くことがあります。事例を聞いて「あの人は若いのにセンスがいい」とかそんなふうに言われたりします。確かに色々なところで色々な事例発表を聞くとこの人はセンスがいいのだろうと思われる先生方も数多くいらっしゃります。どうしてここでこう言おうと思いついたのだろうかとか、こんなにこんがらかって始まった患者さんがどうしてこの人にこんなふうに心を開いてくれたのだろうかとか、私の想像の及ばない展開をしている報告などを聞くとそう感じたりします。その意味ではやっぱり私はセンスはない方なのだろうと思います。

こうした無力感は経験を積んでいけばだんだんなくなっていくものではないかと言われると、そうして自分はダメだなぁと感じたときでも少なくとも表面的には前よりも落ち着いて対処できるようになってくるという意味では、ちょっとは変わってきているかもしれませんが、それなら自分はダメだなぁと思わなくなるかと言われたら、少しもそんなことはありません。

さらに言えば、だんだん経験を重ねると上手くいかなくって自分はダメだなぁと感じたとき、前よりもしんどくなってくるとさえ言えるかもしれません。働き始めてある程度の年月が過ぎると、後進の方にアドバイスをする機会なども増えてきて、「こういうときにはこうしたらいいんだよ」と言ったり、「このケースはこうなんじゃないの?」と言ったりするわけですが、そんなイッチョ前なことを言っておきながら、実際の臨床はそう甘いものではなく、相変わらず自分のケースでは全然上手くいかないことがあったりするので、そうなると人には偉そうに言っておきながら、自分は何やってんだろう、もう何年もこの仕事をやっているのに、相変わらずこの体たらくはどういうことだよという気がしてきます。初心者だから上手くいかないという言い訳が自分に対してできない分、自分がダメだなぁと思ったときにしんどくなってくるのです。

ただ、その一方で、私は営業マンをやっていたときにも、これは自分には向いてないなぁと思っていましたし、たとえ臨床の能力が追いついていなくても、こころの問題に関心を持ち続けられているだけでも、まだマシなのかもしれないとも思います。それと、これは心理士に限らず、どの仕事にも言えることなのだろうと思うのですが、これは自分に向いてないなぁというふうに思ってからが、本当の仕事なのだろうとも思うのです。

それならどうしたらいい？

では、そんなふうに上手くいかない状況が続いたらどうしたらいいでしょう？

そう、これも関係のない仕事をしている方から、私が心理士だというとよく聞かれることのひとつに「心理士さん自身はどんなふうにストレスに対処しているの？」というものがあります。普段、精神的に落ち込んだ人の相談にのっているくらいだから、何かすごいメンタルを保つ術を知っているのではないかと思われやすいのかもしれません。

『心理士がこっそり実践する無敵のストレス対処術』とかそんな本を書いたら、この本よりも売れるんじゃないかという気がしたりしますが、実際のところは心理士しか知らないそんな無敵のストレス対処術があるわけでは全然ありません。

それでは、「患者さんにひどく罵られて落ち込んだときや、担当の患者さんがめちゃくちゃ具合が悪くなって不安になったときに、何とか自分を立て直すのにどういうことが役に立っているの？」と聞かれたら、まず思いつくのは、特に心理学の理論とか技法とかは関係なくごくごく単純な話で、心理室に戻ったときに同僚にぶつぶつ言っているということです。これはもう相談とか事例検討とかそういったレベルの話ではなくって、たとえば「子どもにティッシュ箱投げつけられたぁ」でも「今日の患者さんたち、みんなすごく具合悪くなってて」でも何でもいいですけれども、そうした言わば愚痴をこぼすことなんだろうと思います。そうして同僚にぶつぶつと愚痴を言ったら、その後でコンビニでアイスでも買って食べたらいいでしょう。もちろん、私の方もそうした同僚の面接で困ってしまった話をよく聞いたりしています。そう話したところですごい解決策が出てくるわけではないかもしれないですが、心理室に戻って安心できる空気の中でそうしたことをぼやくことが自分を立て直すのには重要なことのように感じます。

そう考えると、一人職場であったり、あるいは職場自体は一人ではなくても、心理士が一人であまりそうした愚痴をこぼしづらかったりする方は、面接の合間のちょっとした話で気分を立て直すといったことができずに苦労をされているかもしれません。あとは、たとえ何人か心理士の同僚がいたとしても、お互いの関係があまりよくなくって心理室がピリピリしていたりする場合もあるかもしれません。そんなときに助けになるのは固定されたメンバーの事例検討会などの勉強会のグループなのだろうと思います。このあたりについては前の章でお話をさせていただいたところですね。

そのとき自分は何を感じているのだろう？

大変なときにどうしたらよいかという話で、最初に同僚にぶつぶつ言うという言わば、自分の外側との関係で気持ちを落ち着かせることをあげたのは、ひょっとしたら、私の心理士としての言わば「ゆるさ」なのかもしれません。そんなときこそ自分自身の内面をみつめて、そうした苦しみの中から何かを掴み取る必要があるのだろうとお考えになり、自己分析が大事だと言う方もいらっしゃるでしょう。私は自分の内面を見つめてみることが重要だというのはその通りだと思いますが、ただ、ある程度落ち着いて考えられるときにやったらいいと思ったりしているところもあります。まずはぶつぶつ愚痴を言って美味しいアイスを食べましょう。

しかし、その後で振り返ることはもちろん大切です。たとえば、ある患者さんに対してとても苛立ったとき、ある患者さんに対して自分がとても無力だと感じたとき、そのことがただつらいというのではなく、もっと詳細に自分がどのように腹立たしいのか、どのように無力なのかを観察していくことが重要です。そこから、自分がそう感じていることにはどのような意味があるのだろうかと考えていくことにつながっていきます。

どうしてそのように考えるのかと言えば、治療者の中の様々な感情は、患者さんとの関係の中で起こっていることだと理解されるからです。自分がどんなふうに怒りを感じるのか、自分がどんなふうに恐れを感じるのかを考えていくことは、単に自分のこころの問題を見ていくということではなく、自分と患者さんの間でどのようなことが起こっており、それが患者さんの問題とどう関係をしているのかといったことを考えていくことにつながっているのです。

どんな気持ちを感じてもいい

自分が感じていることが、患者さんの問題の理解につながるとしたら、心理士は自分のこころの中で何が起きているかをしっかりと見ることが重要になります。と言うことは、どんな気持ちを感じてもいいんです。実際のところ心理士は面接をしていると様々なことを患者さんに対して感じるのだと思います。それはネガティブな感情もあればポジティブな感情もあるでしょう。ひょっとしたら、働き始めの頃はそうしたことを感じてはいけないと思ってしまうかもしれません。患者さんを嫌ってはいけないとか、恐がってはいけないとか。でも、そう感じてはいけないと思うことは重要な情報源をなくしてしまうことになります。

さらに言ってしまえば、人はそうやって無理矢理に自分の気持ちを見ないようにすると、逆によけいなことをしてしまうものです。つまり、本当はどこかで苛立ちを感じていながらも、そのことに目を向けないがゆえに、知らず知らずにその人に対して他の人よりも冷たい態度をとっていたり、後で考えると厳しすぎるようなことを言ってしまったり。

もちろん、患者さんに対して様々なことを感じることと、実際にそれを口にしたり、そうした感情にもとづいて行動をしたりすることは違います。心理士はできるだけ自分の気持ちに開かれた状態でいて、そのときに感じた自分の気持ちをもとにして、患者さんと自分の関係について考えていくわけです。だから、患者さんを憎んだってかまいません。むしろ、そのことに気がついて、そこにとどまって、感じて考えることが大切なのです。

三本目の柱「関係を考える」

さて、ちょっと間が空いてしまったから、皆さんもう忘れてしまったかもしれませんが、前に臨床で困ったときに振り返る三本の柱があるということをお話しました。一本目は治療の枠組み、二本目は見立てについてでした。ようやくここで三本目が出てくるのですが、三本目の柱は患者さんとの間で起きている関係について考えるということです。

これまで話してきたような心理士側の気持ちの問題は、患者さんとの関係を考えるうえでの重要な材料の一つとなります。心理士の気持ちと患者さんの気持ちは、面接の場においてつながっていると考えられるからです。

ある場合には患者さんの気持ちと心理士の気持ちは相補的になっているかもしれません。心理士側が患者さんに対してまったくこの人は何をやっているんだというような腹立たしい気持ちになっていたとします。そうすると、患者さんの方は心理士から怒られているように感じている可能性があるかもしれません。

また、ある場合には患者さんの気持ちと心理士の気持ちは同期しているかもしれません。つまり、たとえば心理士がこの患者さんはずっとこのままよくならないんじゃないだろうかと無力感を感じたとき、患者さんの方も自分はどうせ一生変わらないだろうと感じている可能性があるかもしれません。

そこを手掛かりにして患者さんがどのように感じているのかを想像していくわけです。

第三章で患者さんの気がついていないことについて考えるために「自分が患者さんに対してどう感じているかを振り返る」ことが役に立つと書きましたが、それはこうした理由のためなのでした。

もう少し言うと、このようにして自分との間で起こっている問題は、患者さんのこれまでの人生の中で繰り返されてきた問題と類似をしている可能性があるのではないかという考え方があります。見立てについてお話したときに、繰り返されてきたことを探すという説明をしましたが、そうして繰り返されてきたことが、まさに面接室でも起こってくることがあるのだということです。

これはある程度の心理療法の経験のある方なら多くの人が経験されることだと思うのですが、面接の最初の頃に生育歴を聞いていて、たびたび随分ひどい人たちが登場してきたとします。「ひどい親だなぁ」とか「ひどい教師だなぁ」とか「ひどい彼氏だなぁ」とか、あるいは以前にも心理療法の経験がある場合には「ひどい治療者もいるもんだなぁ」と思うこともあるかもしれません。しかし、その方との心理療法を続けていて、だんだん行き詰ってきて気がついたら、最初の頃にその方がこれまでの人生で出会ってきたひどい人たちに対して言っていたのと、同じような不満を自分が言われていたりすることが起きるのです。何てことだ、自分も同じ穴のムジナだったのかと。

そうなると、このように対人関係が上手くいかないパターンになってしまうのがこの患者さんの傾向だとしたら、そのことを踏まえて自分はどうしたらよいかということになってきます。

しかし、働き始めた頃は会い始めた患者さんが前の治療者の悪口を言うと、全然分かってくれない治療者だったんだなぁと思ったりするものですし、おそらくその背後には、自分ならもっと違った関わりができるだろうという、あんまり根拠のない自惚れがあったように思います。この自惚れは半分は実際に私の側の驕りから来ていたのでしょうし、もう半分は患者さん側からの「今度の治療者は違うだろう」という期待に対して、自分が知らず知らずに合わせてしまっていたというところから来ていたのかもしれません。

ただ、だんだん何人もの患者さんと会っていくと、治療の最初で前の治療者への不満がたくさん語られたときには、もちろん実際にひどい治療者だったという可能性を否定するものではないのですが、頭の片隅で、待て待て、治療が進んでいくと、自分との関係もこんなふうになっていく可能性があるぞ、そんなとき自分ならどうするだろうか、といったことを想像したりするようになっていきます。

三本の柱の使い方

　これで三本の柱を説明し終わりました。私は臨床場面で何か事例がこんがらかって分からなくなってきたら、この三つの方向から整理して考えたらよいと思っています。つまり、この治療はどのような枠組みの中で行われているのか、この患者さんはどんな患者さんなのか、そして、今この患者さんと自分の間ではどんな関係が展開しているのかということです。ただ、これには順番が大事なんです。一本目と二本目をしっかりと考えることが先で、そのうえで三本目を考えることが必要です。最初の二つがうやむやのままにその場の関係だけを考えていくと重要なことを見落としてしまう可能性があるのです。ひょっとしたら、ベテランの先生の中にはいきなり三本目から取り組んでいるように見える方もいるかもしれません。あるいは、実際に見立てなんて意味がないと言ったりする方もいるかもしれません。ただ、そういうベテランの先生は、私の考えでは、もうすでに一本目の柱と二本目の柱の基礎は体に染みついていて、そのためにそこを取り立てて強調しなくてもよくなっていて、逆にそこに縛られると不自由に感じてしまうんだと思います。でも、働き始めの方々はやっぱり一本目の柱と二本目の柱についてもしっかりと考えてから、そのうえで患者さんと自分の間に何が起きているのかを考えていくことが大切です。

　本当のところを言えば、私も最終的には一番重要なのは三本目なんじゃないかという気もしています。ただ、三本目についてしっかりと考えられるようになるためには、一本目と二本目をきちんとしておくことが大切だということです。

ジバニャンはただのペットなのか？

三本目の柱、患者さんとの関係が大事だということですが、やっぱりちょっと、実際の例がないと分かりづらいかもしれません。ただ先述の通り、この本は色々な方に気軽に読んでもらいたいと思っているので、実際に私が会ってきた患者さんの話をするわけにはいきません。そこで、仕方なく次善の策として症例ジバニャンについて話したいと思います。

って、またジバニャンの話が続くのかよという感じかもしれませんがご容赦ください。

第三章ではジバニャンが交通事故で亡くなったとき、飼い主のえみちゃんに「はねられただけで死ぬなんてダサッ」と言われたというトラウマ的な物語が語り直されて過去が変わったということについて解説させていただきました。もう忘れちゃったという方はちょっとだけ第三章に戻って確認していただくか、「妖怪ウォッチ」第二五話を見返してみてください。

しかし、そこではなぜジバニャンは物語を語り直すことができたのかということまでは踏み込んでお話しませんでした。ジバニャンが過去を語り直すことができた背景にはどのような条件があったのでしょうか。

ここで、ジバニャンと最初の飼い主であるえみちゃんとの関係を振り返ってみたいと思います。すると、幸福な時間に思えた最初の飼い主であるえみちゃんとジバニャンとの関係は実は非常に拘束的なものであったということが見えてきます。とても可愛らしいけれども我儘で一方的なえみちゃんはジバニャンを好き勝手に連れまわしますが、ジバニャンはえみちゃんに気に入ってもらうために戸惑いながらそれに付き合います。

そして、えみちゃんは「私のことをわかってくれるのは赤丸（ジバニャンの俗名）だけだ」と言いますが、一方で、「猫は飼い主に従うものだ」とも言うのです。つまりこれは、あなたが私に従い続けるならば、私はあなたを特別なものとして可愛がりましょう、という拘束的なメッセージなのです。そんな中でジバニャンはえみちゃんに尽くし続けなければならない存在となり、結局、えみちゃんのためにトラックに撥ねられてしまうことになるのです。

一方で、ケイタくんとの関係を見ていきましょう。地縛霊になったジバニャンはケイタくんの家に住みつくことになります。ケイタくんはジバニャンと喧嘩したとき、ジバニャンを「居候」と呼び、それにジバニャンが怒ると「居候じゃなきゃ、ただのペットじゃないか」と思わず言ってしまいます。それに対してジバニャンは敢然と立ち向かい「ペットじゃないにゃん！　地縛霊だにゃん！」と反論するのです。

ここでのケイタくんの発言はえみちゃんのペットはご主人様に従うものだという発言と同様に、相手の主体性を否定するものであると言えるでしょう。

しかし、えみちゃんに対しては反論を許されなかったジバニャンが、ケイタくんに対しては毅然として反論することができているのです。つまり、ジバニャンはケイタくんとの関係の中で主体性を取り戻していると言っていいでしょう。ケイタくんと出会うことで、ジバニャンは自ら主体的に振る舞うことが許される関係性の自由を体験して、その上でもう一度過去への旅をすることで、えみちゃんとの拘束的な関係の中で生じた自分が弱い猫だったから捨てられたという物語から距離を置いて、別の物語を選ぶことができるようになったのでしょう。

つまり、ジバニャンが「過去を変える」ためには、自らが主体性を発揮しても、相手との結びつきが壊れることはないという、お互いに自由があるけれども安定した関係性が重要であったということです。これを心理療法の臨床場面に照らして考えると、あるとき患者は自分がよい患者でなければ心理士から見捨てられてしまうのではないかと感じるかもしれないですし、心理士の側も有能な治療者でなければ患者が来なくなってしまうのではないかと感じるかもしれません。そうして、もし自分がそれを踏み外したら相手との関係が危うくなると感じている場合、その関係は非常に窮屈で拘束されたものとなり、新しい物語は生まれなくなってしまいます。

そうであるなら、私たち心理士は治療関係をいつの間にか支配してしまうような密かに作用する圧力に敏感になり、その場の自由な関係を双方が体験できることを目指すことが望ましいのでしょう。だから、ジバニャンがケイタくんに反論したように、実はたまに文句を言われるくらいの心理士がよいわけなのです。ただ、そう説明するだけなら簡単ですが、実際にそうした関係を作ろうとすると、そんなにたやすくできるようなものではないことに気がつくのですけれども。

他ならぬ自分のこころを使うこと

話を少し戻すと、自分自身のこころが大きく揺れ動いたとき、それは患者さんのこころの動きとつながっているかもしれず、自分のこころを見ていくことで患者さんのこころについて考えていくことになっていきます。そのため、あれ、何か自分は苛立っているぞ、何かいつもよりも口数が多いぞ、何でこんなに焦っているんだろう、何か他の患者さんよりもこの人に合わせてしまって嫌われないようにしている気がするぞ、といったように、自分のこころの中をサーチしていきます。ここでは、心理士は単なる傍観者ではなく、プレイヤーの一人にならなければなりません。このことは、ある意味で心理療法の魅力的なところの一つだと言えるかもしれません。他ならぬ自分のこころを使うという誰にとっても特別な作業であるからです。

ただ、それだけに落とし穴もあると言えるでしょう。結局、自分のこころは自分だけでは分からないんです。だから心理療法の存在意義があるわけです。そのため、心理士もあんまり自分のこころだけに注目しすぎると独りよがりになってしまう可能性もあるでしょう。自分自身のこころを追うことには、ある種の魔力があるので、あまりにそこばかりに熱心になってしまって、普通に見ていれば分かるような患者さんの現実の生活の問題に目が向かなくなってしまうということがないようにしなければいけません。

そして、この考え方は使いようによっては、すべてを患者さんからくる問題にして自分側の要因を無視してしまうこともできてしまいます。たとえば、ある患者さんの話を聞いていて、とても腹が立ってきたとします。でも、ただそれだけの理由で、きっと患者さんが自分から怒られていると感じているに違いないと言って、それまで話されていたことに何の関係もなく「あなたは私から怒られていると感じているんですね」とか言ってそれを指摘してしまってよいかと言えば、そんな単純なものではありません。ひょっとしたら、自分の性格が短気なのかもしれないですし、自分が前の日に誰かから言われた気に食わないことが影響しているかもしれないですし、患者さん側のせいばかりとは言えないのです。

自分のこころに生じていることから患者さんを理解するためには、単に自分が感じたからという理由だけではなく、そのときの患者さんの語っていたテーマや、これまでのその患者さんの抱えてきた問題と、今の自分の気持ちがつながっていると感じられたとき、はじめてその可能性が高そうだぞと考えてよいという感じで捉えておくとよいでしょう。そうは言ってもなかなか一人では自分のこころを治療に生かしていくのは難しいものです。特に最初のうちはしっかりと、スーパーヴィジョンや事例検討会などで第三者のチェックを受けることが大切になってくるのだと思います。

何でも患者さんのせいってわけじゃない

ちょっと話が行ったり来たりしてしまったかもしれません。話をまとめましょう。心理士が仕事をしていてすごく追い詰められた気持ちになったとき、どうにもならないような気持ちになったとき、アイスでも食べてちょっと一息ついたら、その気持ちがどこから来ているのか考えてみましょう。ひょっとしたら、それは患者さんとの関係の中で起きていることかもしれませんし、患者さんの人生の反復の中に自分も組み込まれてしまっているのかもしれません。そう考えると、心理士側はちょっと肩の荷が下りるかもしれないですし、いったい何が起きているのかについて、能動的に考えていく力を取り戻すことができるかもしれません。そのことは確かなのですが、その一方で、だからと言って、すべて患者さんのせいだと思うこともまた極端であって、やっぱり、実際は二人の関係の中で起きていることなのです。ひょっとしたら、他の治療者との間だったら起きなかったことかもしれません。

私の印象としては、たとえ患者さんの人生の繰り返しに見えることであっても、心理士側にそれに応じる部分がまったくないと、そうした事態は起きにくいような気がします。一方、心理士側のこころの中にちょっとだけある部分を敏感に察知して、それがその場の関係の中で増幅されるといったことは起きる気がします。

具体的な例を考えましょう。ある患者さんが心理士に対して「いつも偉そうだ」と不満を言ったとします。実は私も言われたことがあるのですが。ただ、その心理士は他の患者さんや同僚たちに日頃からそう言われるというわけではなく、意外に思って、これは患者さん側が周囲に威圧されていると感じやすい傾向があるので、自分はまったく偉そうな人間じゃないにもかかわらず、そんなふうに見えてしまったのだと、考えようと思えば考えられます。ひょっとしたら、この理解で多くのことが説明できるかもしれません。

ただ、おそらく現実はそんなに単純な一方向のものではなく、きっとその心理士のこころの中に何がしかの「偉そう」な部分があって、でもそれはその人全体を覆うほどに大きなものではないために、他の患者さんの多くはそこに目を向けないけれども、そのことに敏感な患者さんはその「偉そうさ」に焦点を当ててくるというふうに考えたらよいかもしれません。

そのため、心理士は全部自分が悪くて、自分は偉そうなダメな心理士だと思う必要はないですが、逆に全部患者さんが勝手に思っていることだなんて思うべきでもないのでしょう。おそらく、私にもそのとき「偉そう」なところがあったのだと思いますし、今でもその部分はまったくなくなっているわけではないかもしれません。でも、こちらの気持ちに余裕がないと、極端に患者さんだけの問題だと思ったり、極端に自分がダメなんだと思ったりしてしまいます。しかし、臨床の問題はたいていは、どちらか極端なところに正解があるというわけではないのです。

この仕事をしていると、あるとき患者さんの語っている問題が、あるいは患者さんとの間で生じている問題が、自分の人生の問題と重なって感じられることが起きてくるものです。患者さんの語る悩みが、あたかも自分の問題のように感じられたり、患者さんがここを乗り越えられないのは、それを聞いている自分の問題のせいなんじゃないかと思えたりしてきます。自分の人生と患者さんの人生がある意味で重なっていくように感じられたりするのです。そうなると、もしこの局面が乗り越えられるなら、患者さんだけではなく、自分もまた変われるのではないかと思ったりすることもあるかもしれません。こうした体験はおそらく臨床をしていくうえでの醍醐味でもあるのでしょう。

しかし、そこでも重要なのは、仮にそのように感じたとしても、自分の方の問題にとらわれすぎないこと、あくまでも患者さんのための面接だということを忘れないことです。ここでも極端になりすぎずに、日々の臨床をこなしていくことが大切なのです。

「そうは言っても」

臨床の問題は極端なところに正解があるわけではなく、むしろ正解といったものがあるのかさえ分かりません。

たとえば、学会などに行くと、治療者がある患者さんとの関係が行き詰ってどうにもならなくなり、ただ、そのときに自分が上手くいっていない状況にもかかわらず、その場の関係に縛られてそこから抜けようとしなくなっていることに気がついて、たとえば家族面接をするなり、まったく異なる技法を導入するなりして、状況が打開されたといったような発表がされたりします。主張としては主に家族介入の必要性や途中で導入された技法の有用性がメインになるかもしれません。

一方で、同じように煮詰まった状況になって、治療者の方はもうどうにも上手くいかないから、ちょっと別のことをしてしまおうかという気になってきていて、ただ、そのときに、いやいや、こうして別のことをしようとしてしまっているのは、自分がその場の関係に耐えられなくなって、そこから逃げようとしてしまっているだけではないかと思い直し、何が起きてこういう状況になっているのかといったことを吟味して、そのことを丁寧に患者さんに伝えていったら、新たな展開が開けたなんていう発表もあったりします。これはこれで確かな臨床的な事実を報告しているのでしょう。

そうなってくると、どうにもならないときに、ぐっと踏みとどまって同じ技法を続けて、今の状況について考えたらよいのか、あるいはそうして上手くいかないことにとらわれ続けていることと自体が問題であって、少しでも患者さんの役に立ちそうな新たなことをどんどん導入していった方がよいのかと言った問いは、結局、ケースバイケースであって、必ずこっちを選んだら正解でこっちを選んだら失敗なんてことはないのかもしれません。

下手に新たなものを持ち込んでよけいに訳が分からなくなってしまうこともあれば、ひたすら耐えて同じような面接を続けていて、どんどん関係や症状が悪化してしまうといったこともあります。最終的にいつも絶対にこうしたらいいといった正解はありません。先輩やらスーパーヴァイザーは色々と教えてくれるかもしれませんが、そうした事柄はその先輩やヴァイザーたちがその人たちの職場の中でその人たちの患者さんを相手に行って比較的うまくいってきたことをもとにしているのであって、まったく違う個性の自分がまったく違う職場でまったく違う患者さんを相手にして、必ずしも上手くいくとは限りません。

ただ、そうした状況の中でも私たちは何かしらの方向性を選んで臨床を続けていかなければいけないのです。新しい技法を導入するのもまた選択ですし、同じような介入を続けるとしても、それはそれで私たちの選択です。そうした不確かな中でうーんと悩みつつ、何がしかの選択をしながらやっていくしかありません。

臨床の仕事はこういうやり方だと絶対に上手くいくというものではなく、この人は絶対にこうだと理解することができるというものでもなく、絶えず「そうは言っても」というものがついて回って、ある方向に進んだかと思うと、「そうは言っても」という揺り返しがきて、また別の方に行こうとするとまた「そうは言っても」という揺り返しがきてという中を何とか迷いつつ少しずつ進んでいこうとするもののように思います。この「そうは言っても」という揺り返しがまったくなく、絶対にこちらの道だとなってしまうことの方がおかしなことが起きているのかもしれません。

心理士はピッチャーのようなもの

どこで言っていたのか覚えていないので正確な引用ができずに申し訳ないのですが、昔、元プロ野球選手の江川卓さんがこんなことを言っていました。バッターの喜びは重要なところでホームランやタイムリーヒットを打って、やったとガッツポーズをしてみんなに祝福されてといったような派手なものだけれども、ピッチャーの喜びは毎回毎回、何とか集中力が切れないように、失投して打たれないようにと綱渡りのような気持ちで投げ続けていて、最後にその試合に勝って勝利投手になったら、ほっと安心して、ロッカールームで一人でニンマリするようなものなのだと。多少表現は違うかもしれないけれども大体そのようなこと仰っていたんです。それを聞いたときには江川さん性格が暗いなぁと思ったのですが（すいません、でも、私はむしろ江川さんのそういうところが嫌いではないのです）、心理士の仕事もどちらかと言えばピッチャーのようなものかもしれません。大きくかっ飛ばしてみんなに祝福されるというよりも、何とか大きな間違いがないようにと迷って小さく揺れながら綱渡りを続けていって、最終的に患者さんの人生に良い兆しが表れて終結になったとしたら、心理室に戻って少しニンマリするといったようなものなのだろうと私は思うのです。そして、そんなピッチャーの喜びも経験してみるとまんざら悪いものでもないのです。

患者さんに尊敬の念を感じる

この章では主に心理士側が面接場面で感じることを手掛かりとしていくことについてお話をしました。最後にこれまでのお話とは少し違ったタイプの心理士が感じる手掛かりのお話をしましょう。

それは患者さんが面接室で語ることに対して、あぁ、この人はこんなふうに感じて、こんなふうに考えていたのかと、さらにはそうした自分の体験をこんなふうに表現することができる人だったのかと、驚きを持って、しかし、どこかしみじみと聴き入ってしまうような体験です。そんなとき、私のこころの中で感じられるのは、私の側が学んでいるというような、ある種の尊敬の念だと言ってもいいかもしれません。もちろん、普段まったく患者さんに敬意を感じていないというわけではありませんが、一方で、ここが治療の場であって、責任は私の側にあるということを強く意識してもいます。しかし、ある瞬間には、私の側がその方の人生の一端に触れさせていただいて、非常に繊細で複雑な人間のこころの機微について、とても貴重で大切なことを教えていただいたように感じることがあるのです。

これはどの患者さんでも起こるというものではありませんし、そんなに頻繁に起こることでもありません。ただ、そう感じたときには、私はじんわりとした喜びと、そして、少しの淋しさを持って、この患者さんとの面接も終わりに近づいてきているということなのかもしれないと思うのです。

さて、本書の方も終わりの時間が近づいてきました。総合病院における心理士の具体的な働き方から、そのエッセンスだと私が考えている三本の柱の話をさせていただきました。この三本の柱については、病院臨床だけではなく、様々な領域の心理臨床においても通底するものだと私は考えております。また、この本の全体を通して、心理士っていうのは、そんなに悪くはなさそうな仕事だぞ、ということが伝わってくれたら嬉しいです。

ちょっと長いあとがき

本書を最後までお読みくださりありがとうございました。「はじめに」で「あとがき」は読み終わるまでは読まないでくださいと書きましたが、その言いつけ（?）はちゃんと守ることができたでしょうか？　誘惑に負けちゃった方もいらっしゃるでしょうか？

この「あとがき」では本書を執筆した経緯についてお話をさせていただこうと思います。

私は二〇二二年に岩崎学術出版社から出版された『精神分析フィールド理論入門』という本の翻訳と『実践 力動フォーミュレーション』という本の編著をさせていただきました。本づくりに関わると編集者の方とやり取りをさせていただくことになります。そこで、岩崎学術出版社の鈴木大輔さん、前川千亜理さんと色々とお話をさせていただきました。そんな流れの中で私自身も本を書いてみたいと思い、前川さんに初心者の方でも分かりやすい医療領域における精神分析的な臨床実践についての入門書を作りたいという提案をさせていただきました。

私は精神分析を専門とする先生が多い大学院を卒業し、それ以来、その他の分野についても色々と学びましたが、基本的には精神分析的な実践を中心に勉強をしてきました。それは今の私の臨床にとても役に立っていると感じています。でも、気がついてみると、若い臨床家の方々の中で精神分析に対する関心が薄れてきていると感じるようになりました。精神分析関係のセミナーなどでも働き始めたばかりの方の数が昔より少なくなっているような気がします。

たとえば、私の病院に来ている心理系の大学院の実習生に翻訳した精神分析関係の本を「こんな本を訳したんだよね」と見せたところ、「すごいですねぇ」と言いつつも、なんとまったく手にさえ取らないのです！　それを見て、実習先の先生だから一応「すごいですねぇ」とは言うけれども、精神分析と名のつくものにはまったくもって言っていいほど関心がないのだろうなぁと思ったものでした。

ただ、これについては、知り合いに話したところ、「いや、それは精神分析が関心を持たれていないんじゃなくて、小林さんが関心を持たれていないだけじゃないの？」と言われて、「それならそれでショック！」と思ったのですが。

そんなことはさておき、前川さんには、若い方の精神分析に対する関心が薄くなってきているように感じるけれども、精神分析の本は敷居が高いものが多くて、誰にでもすぐに手に取れるようなものが少ないので、これまで精神分析にあまり触れてこなかった方でも関心を持ってもらえる入門書を書きたいということを伝えました。確かカレーを食べながらだったと思います。ちょっとおしゃれでヘルシーな感じの美味しいカレーでした。

実際のところ、精神分析には、おいそれとは語れない、という雰囲気があったりします。おそらくそうした安売りしない一味違うぞという雰囲気が精神分析の価値を保ってきた面があるのだと思いますが、一方で精神分析について何か言おうとすると、私なんかが語ってはいけないのではないかという気持ちにさせられたりもします。ここにフロイト先生がふっと降りてきたら、「これ、きみ、それこそがエディプス・コンプレックスじゃよ」と言ってくるのかもしれませんね。だとしたら、そうしたエディプス理論を内包した精神分析がそのようになることは自然なことかもしれません。

ただ、そうであっても、たとえば私は初心者向けのセミナーで講師をさせていただいたときに参加者の方から自分の実践が精神分析的かどうか分からない、自分なんかが精神分析的にやっていると言ってよいか分からないというお話をうかがったことがあります。もしそうした気持ちがあんまり強くなってしまうと、精神分析から離れてしまうかもしれませんし、せっかく関心を持っていただいたのだから、そう思わせてしまうのはもったいないような気がしてしまうのです。

そのセミナーでは私は「まぁ、『的』ってつけたら、そのものじゃないから、大丈夫なんじゃないの?」っていう、いたっていい加減な答えを返してしまったのですが。

でも、正直な話、「精神分析」や「精神分析的」という言葉は、「ロック」とか「文学的」と同じように、その言葉を使う人の主観的な強い思いが反映されすぎてしまいやすい気がします。たとえば、あるスタジオミュージシャンをしているギタリストがアイドルのバックで演奏していて、八小節の間奏部分に超絶テクのソロを入れ込んできたとして、それを聴いたある人は「ここにこんなフレーズを入れるなんてロックだねぇ」って言うかもしれないけれども、また別の人は「そもそもアイドルのバックバンドで演奏してるんだからロックじゃねぇし」なんていうかもしれません。そんな話をしていたら、「その前にこの曲の伴奏はエレキギターとエレキベースとドラムの編成になっていて、ソロもブルースのスケールを使っているんだからロックの定義の範疇でいいんじゃないの?」なんて言ってくるやつもいるかもしれません。「精神分析的」という言葉もそれと同じように使う人によって全然違う意味合いで使われちゃうのですよね。だから、自分のやっている臨床が果たして「精神分析的」なのだろうかと考え始めてしまったら、迷宮を彷徨《さまよ》うことになってしまう。

ひょっとしたら、本物の精神分析家、つまり、週複数回の寝椅子を使った実践をされて、国際精神分析協会から認定されている本物の精神分析家の先生方は私のようにいい加減なことを言いづらいところがあるかもしれません。ただ、精神分析的な臨床は実際には裾野が広く、様々なところで精神分析的な知が役立てられています。私としてはそうした広い意味での精神分析的な臨床の知が継承されていったらよいなと思っているわけです。

ほら、「スター・ウォーズ」シリーズには、厳しい訓練を受けた少人数のフォース(超能力)が使えるジェダイたちが登場するじゃないですか。でも、あの作品がよくできているのは、結局、帝国軍との間の戦いの戦況そのものはルークやレイといったジェダイたちの超人的な力が一気に決めてしまうのではなくて、ジェダイではない普通の反乱同盟軍の兵士たちの活躍で決まっていくんです。精神科臨床や心理臨床というバトル・フィールドにおいても、みんなの目標となるジェダイのような精神分析家の先生方がいらっしゃって、彼／彼女らは私たちの道筋を示してくれるのですが、実際に戦況を決めるのは、フォースは使えないしそこまで専門的な訓練も受けていない、一般の反乱同盟軍の兵士たち一人ひとり、つまり普通の臨床家たちの活躍なわけです。だから、誰もがルークやレイを目指さなくてもかまわないし、ルークやレイを目指さなくても精神分析に関心を持ってもよいわけです。ハン・ソロになろうと思ってもいいわけです。そうですねぇ、ハン・ソロはイメージ的には個人開業っていう気がするので、やとわれている私はさしずめアクバー提督あたりを目指しましょう。アクバー提督、いいですねぇ、あの顔が何だか好きなんですよね。もちろん、そうした中で、やっぱり自分はジェダイになりたいという方が出てきたとしたら、それはとても喜ばしいことです。

ということで、そんな反乱同盟軍の若き兵士たちに呼びかける本を書こうと、いや、もう「スター・ウォーズ」のたとえを続けなくていいですかね、幅広く心理臨床や精神医療に携わる多くの方に手に取ってもらえるような実践的な精神分析的臨床の入門書が書けたらと前川さんにお話をしたのです。

そこで前川さんが仰っていたのが、

「しかし、そもそも精神分析が初心者や若い人たちに関心を持たれていないなら、精神分析の入門書を書いても誰も手に取らないんじゃない？」ということでした。もうちょっと丁寧な言い方だったですけれども。おぉお、何てことでしょう、まったく正論すぎて、グウの音もでません。確かにそうだ、みんな精神分析に関心がなくなっているって言っているのに精神分析の入門書でそれをどうにかしようとしてもしょうがないですよね。

ガーンと思っていると、前川さんは精神分析という言葉をまったく使わないで精神分析的な臨床について書いて、「あとがき」で実は精神分析からの知識や技法を使っているんですと説明するような本が面白いのではと提案をして下さいました。「さすが出版社の方はよいアイディアを出してくださる！」ととても感心し、それでは書いてみようということで、この「やとわれ心理士のお仕事入門」の企画が始まりました。

ということで、本書は一般的な総合病院での心理士の働き方を学生さんや初心者の方々に紹介する内容なのですが、それは世を忍ぶ表向きの話で、裏テーマとして一般臨床において精神分析からくる知見を活かしていく方法について書いたものなのです。そのために、「まえがき」では精神分析という先入観を持たずに読んでもらいたいので「あとがき」は先に読まないでと書いたのでした。そのため、すでに精神分析に造詣のある先生が本書を読まれたとしたら、あれ、これはラッカーの理論じゃないか、ここはケースメントの言っていることじゃないか、この話って土居健郎先生が似たようなこと言ってなかったかなど、そこかしこに精神分析理論が埋め込まれていることに気付かれることでしょう。

さて、本書は一般的な医療領域で働く心理士の精神分析的な理解に基づいた実践について書いているつもりなのですが、もう少し具体的に言うと特に、

1．治療構造論
2．力動フォーミュレーション
3．転移・逆転移／治療関係

の実践的な理解について分かりやすく解説することを目指しました。これが本書で私が何度か大事な三本の柱と言っていた「枠組み」と「見立て」と「関係」の言わば理論的なネタバレです。私は今でも困ったときにはこの三つの視点から、つまり「治療の構造はどうなっているかな」「結局、どんな患者さんだったんだっけ」「自分との関係はどんなふうになっているのかな」といったように考えていくことをしていますし、事例検討会に出たときなども、この三つの視点のどれかからコメントしていることが多いのです。

さて、「あとがき」では精神分析の話が解禁されたということで、もう少し詳しく知りたいという方のために、いくつか参考文献を上げさせていただこうと思います。

初心者の方が個人心理療法を始める際にまずどんなことをポイントにして患者さんと会って

いったらよいかと考えると、ナンシー・マックウィリアムズの『ケースの見方・考え方――精神分析的ケースフォーミュレーション』（創元社）がとても役に立ちます。また、私が臨床に出てすぐのときには馬場禮子先生の『精神分析的心理療法の実践――クライエントに出会う前に』（岩崎学術出版社）を何度も読んでおりました。

治療構造論について知りたいのであれば、栗原和彦先生の『臨床家のための実践的治療構造論』（遠見書房）が詳しいです。力動フォーミュレーションについて学ぶには、これはもう私も参加をした妙木浩之先生の勉強会のグループで書いた『実践 力動フォーミュレーション』（岩崎学術出版社）がおすすめです。そして、やはりナンシー・マックウィリアムズの『パーソナリティ障害の診断と治療』（創元社）は私の周りはみんな読んでいる名著です。

洞察的な心理療法ではなくもっと支持的な関わりを中心とした実践について知りたいのであれば、岩倉拓先生・関真粧美先生・山崎孝明先生・山口貴史先生がお書きになった『精神分析的サポーティブセラピー（POST）入門』（金剛出版）で学ばれるとよいでしょう。

本書で書いた心理療法は基本的には週一回かそれ以上の間隔をあけたものであり、本格的な精神分析とは異なるものです。週一回の精神分析的心理療法について書かれた本としては高野晶先生らの編著による『精神分析週一回サイコセラピー序説――精神分析からの贈り物』（創元社）というものがあります。また、現在の日本の臨床における精神分析を取り巻く状況について書かれた本としては山崎孝明先生の『精神分析の歩き方』（金剛出版）が著者の実感を込めて書かれていてとても面白いです。

また、本書では何度も事例検討会に出たらよいのではと書きましたが、事例検討会については中村留貴子先生らの編著による『事例検討会のすすめ――皆のこころで考える心理療法』（岩崎学術出版社）という本に詳しく書かれています。

本書の第一章で枠組みと自分らしさの話をしましたが、それは私が岡野憲一郎先生と訳したアーウィン・ホフマン『精神分析過程における儀式と自発性』（金剛出版）という本から来ています。そして、第三章で患者さんの無意識を聞くやり方として「～という夢をみた」というのを頭の中でつけるというものがあると言いましたが、このやり方はイタリアの分析家アントニーノ・フェロのマジック・フィルターという発想から拝借したもので、そのあたりのことは筒井亮太先生と翻訳させていただいたモンタナ・カッツ『精神分析フィールド理論』（岩崎学術出版社）で解説されているので関心を持たれた方はご参照ください。

逆に奥深い精神分析の神髄のようなものを学べる本はと聞かれると、私が大学院時代に感銘を受けたのは藤山直樹先生の『精神分析という営み』（岩崎学術出版社）でした。その後働き始めてから出版された本で、何か新しいものが生まれてくる息吹のようなものを感じてワクワクしたのは富樫公一先生の『精神分析が生まれるところ――間主観性理論が導く出会いの原点』（岩崎学術出版社）でしょうか。今勉強を始めたばかりの方が読み始めるとすると、富樫先生は最新作の『社会の中の治療者――対人援助の専門性は誰のためにあるのか』（岩崎学術出版社）を手にされてもよいかもしれません。

精神分析の勉強をしていくと、フロイトを読んだ方がいいのではないかという気もしてくるかもしれません。大学院時代にみんなでフロイトを読もうという話になり、同期の一人が狩野力八郎先生にフロイトは何から読んだらいいんですか？　と聞いたところ、狩野先生はまずは事例から読んでいくのがよいと教えてくれました。今の私の実感としてもそれがよいと思っています。友人・知人を何人か集めて、好き勝手に文句を言いながら、フロイトの事例論文を読んでいかれるとよいのではないでしょうか。ただ、いきなり背景が分からずにフロイトだけ読むのはなかなか大変なので、そんなときには福本修先生のグループが訳されたジャン＝ミシェル・キノドス『フロイトを読む――年代順に紐解くフロイト著作』（岩崎学術出版社）を片手に持ちながら読み進めるのがよいでしょう。

そんなに本格的な雰囲気ではなく、本書のようにエッセイ調で書いてある精神分析的な臨床に関する本が読みたいという方へのおすすめは、そして、おそらく私がこうしたエッセイ調の文章を書くうえで大きな影響を受けていると思われるのは、岡野憲一郎先生の『気弱な精神科医のアメリカ奮闘記』（紀伊国屋書店）で、これは読み物としてもとっても楽しめる本です。

こうして書いていくと、きりがなくなってしまいます。まだまだよい本はたくさんあるのですがこのあたりにしておきましょう。

さて、それにしても、精神分析から学んだことを背景にしながら、まったく精神分析の言葉を使わないで一冊分の臨床の話をするのは、なかなか一苦労でした。ただ、まったく精神分析の言葉を使わないで書いてみると、これまで精神分析を習わずにきた臨床家の先生方が読まれたらどのように思われるのだろうかということも気になってきます。ひょっとしたら、「いやいや、別にこれは精神分析と言わなくても、臨床にとっては当たり前のことばっかり書いてあるだけじゃないの？」と思われたりするかもしれません。もし、そうであったとしたら、私にとってそれはとても嬉しいことです。むしろ、そうであったらいいなぁと思っているのです。

実はこの本を書いていて、そして、草稿が書きあがった段階で勉強会で発表して参加者の意見をいただいたりしていて、微妙に少しずつ、この本に対する私の気持ちが変わってきたところもあるんです。書き始めた動機は先述のように、初心者の方が精神分析に関心を持ってもらえるようにというところがありました。ただ、だんだんに、私がこれまでに色々な先生方から学んできたことを分かりやすいかたちで伝えたいという気持ちは変わらないですが、それが精神分析だから、精神分析からくるものだからというところは、そこまで重要ではないように感じるようになっていきました。役立つものだから伝えていきたいけれども、読んでくださった方々が、最終的に必ずしも「精神分析」に関心を持たなかったとしても、それはそれでかまわないかもしれません。

参考文献でも挙げた精神分析的サポーティブセラピー（ＰＯＳＴ）の研修会に参加をしたとき、

私はその他の色々なアプローチがある中で、精神分析的なアプローチが特に役に立つと言える点は何があるんでしょうかという質問をしました。そのとき、講師の一人であった岩倉拓先生は、臨床において上手くいかなくって苦しくなったときに、なんとか持ちこたえてやっていくために精神分析は役に立つと思うとお答えくださいました。それを聞いて私は本当にその通りなのだろうと思いました。

そして、振り返ってみれば、だからこそ私が書き始めたこの本も、最初はただ精神分析的な臨床の入門書というだけのつもりでしたが、だんだんに「はじめに」で書いたような、働き始めたばかりでなかなか臨床が上手くいかないと感じている心理士の方や、これから精神科領域や臨床心理領域への就職を考えているのだけれども、自分にやっていけるのかどうか不安に感じていらっしゃる方々に、上手くいかないこともあるかもしれないけれども、こんなふうにして何とか持ちこたえてやっていくことができるよということを伝える本になっていったのだろうと思います。そして、私が伝えたいことは、私がこれまでに習ってきた精神分析からくる色々な考え方を用いたものですが、私にとっては精神分析好きを増やすことよりも、この本を読んでくださった皆さまが日々の臨床を生き残っていくのに役立ててくださることの方が大切だというふうに思うようになってきたのです。

そのため、本書をお読みになった皆さまには、精神分析について関心を持たれるかどうかはさておき、お、それいいな、とか、それ使えそうだな、とかいうところがありましたら、それぞれの臨床の場、あるいは未来の臨床の場へと、ぜひお持ち帰りいただけたらと思っております。また、具体的な方法についてではなかったとしても、こんなふうにしながら臨床を続けられるのだということを感じて、読者の皆さまの日々の臨床の励みにしていただけたら、こんなに嬉しいことはありません。そのうえで、ちょっと精神分析も面白そうだぞと思っていただける方がいたら、もちろんそれは私としては大歓迎です。

本当の最後にまたきりがなくなってしまいそうなのですが、お世話になった方々への感謝の言葉を伝えさせてください。こうして一冊の本を書いてみると、ここで書いたことのほとんどが、色々な方から学ばせていただいたものだということに気がつきます。もちろん、私流に勝手に解釈をしてしまっているところが多々あるかもしれませんが、それでも私が一から考えたことなんてありません。お一人ずつお名前を上げられずに申し訳ありませんが、これまで私をご指導くださった先生方に感謝したいと思います。また、本書は職場についての本であるため、とりわけ私の職場の同僚の先生方に日頃の感謝をさせてください。客観的に見て私はちょっと変な心理士だと思いますので、面倒なことも多いかもしれません。それでも日々暖かく接してくださり、臨床の仕事に向き合いやすい環境を作ってくださっていることを本当にありがたく思っています。そして、本文にも書きましたが、私は様々な勉強会に参加して支えていただいたと感じており、一緒に勉強してくださった先生方にも感謝いたします。また、私が大学院を卒業以来続けている文献講読会フロイト部では本書の原稿を何度も発表させていただき、こうしたらよいのではという生産的な意見を数多くいただきありがとうございました。ちなみに表紙の絵で描かれている小さな人たちは、実は精神分析家（フロイト、ユング、クライン、ビオン、コフートらしき人たち）だったりするのです。これは精神分析や関連領域の動画を配信しているサイト「アナリスト」の企画として、私がＬＩＮＥのスタンプ用に描いたものをもとに、プロのデザイナーさんにアレンジしてもらったものです。日頃から私に色々な経験をさせてくださっている「アナリスト」のスタッフの皆さまにも感謝いたします（ＬＩＮＥのスタンプは今でも購入できます！）。そして、本書を出版する機会をいただいた岩崎学術出版社、企画についての貴重なご意見をいただき編集をしていただいた前川さん、それを引き継いで本書を完成してくださった鈴木さんにも謹んで謝意を申し上げます。

最後に日々私に多くを教えてくれる患者さん方に感謝の言葉を述べたいと思います。私は決して完璧な心理士ではなく、おそらく色々なご負担やご迷惑をおかけすることもあったのだろうと思います。ただ、私にできるかぎり、私という人間がなれるかぎりのよい心理士を目指して、これからも臨床に臨んでいきますので、今後ともどうぞよろしくお願いいたします。

二〇二三年十二月　小林　陵

著者略歴

小林 陵（こばやし りょう）

臨床心理士，公認心理師，日本精神分析学会認定心理療法士。

東京国際大学大学院臨床心理学研究科博士前期課程修了後，横浜市立大学附属病院に勤務し，現在まで心理療法や心理検査，復職支援デイケア，緩和ケア等に従事する。

訳書にS. M. カッツ『精神分析フィールド理論入門』（共訳：岩崎学術出版社 2022），A. フェロ『物語と治療としての精神分析』（共訳：金剛出版 2023），I. Z. ホフマン『儀式と自発性』（共訳：金剛出版 2017），著書に『実践 力動フォーミュレーション入門』（共編著：岩崎学術出版社 2022），論文に「マイケル・ジャクソンと父親たち」（日本病跡学雑誌 2013），「スタンリー・キューブリック論：または私は如何にして彼のドリー撮影と自閉症児の電車好きが関係していると悟ったか」（日本病跡学雑誌 2018）などがある。

医療現場で働くやとわれ心理士のお仕事入門

ISBN 978-4-7533-1237-5

著者　小林 陵

2024 年 2 月 15 日　初版第 1 刷発行

印刷・製本　㈱太平印刷社

発行 ㈱岩崎学術出版社
〒 101-0062 東京都千代田区神田駿河台 3-6-1
発行者　杉田 啓三
電話 03(5577)6817　FAX 03(5577)6837